「蝴蝶效應」令人著迷、令人激動、發人深省……

超級的想像力、色彩的美學、科學內涵的哲學魅力！

蝴蝶效應

BUTTERFLY EFFECT

于珊　主編

關於本書

「蝴蝶效應」之所以令人著迷、令人激動、發人深省，不但在於其大膽的想像力和迷人的美學色彩，更在於其深刻的科學內涵和內在的哲學魅力。「差之毫釐，失之千里」是混沌系統的重要特性之一。蝴蝶效應是混沌理論的一個例子。

如果以經典動力學的傳統觀點認為：系統的長期行為對初始條件是不敏感的，即初始條件的微小變化對未來狀態所造成的差別也是很微小的。但是這一向傳統觀點很快遭到了混沌理論的挑戰。這種理論認為：在混沌系統中，初始條件的十分微小的變化經過不斷放大，對其未來狀態會造成極其巨大的差別。

是不是有點不可思議？但是事實就是如此，一些看似極微小的事情卻有可能造成非常嚴重的後果。因此，不論是在政治、軍事，還是商業領域中，如果能做到防微杜漸、亡羊補牢，那麼就算不能完全防止「蝴蝶效應」的發生，也可以把它的影響降到最低。

對個人或組織來說，「防微杜漸」能讓人們及時堵塞漏洞，防止危機的發生。

但大部分時候，人們想做到「防微杜漸」並不是一件容易的事。由於變化是漸進的，一年一年地，一月一月地，一日一日地，一時一時地，一分一分地，一秒一秒地漸進，猶如從很緩的斜坡走下來，人們很難察覺其遞降的痕跡。

正是由於這種不知不覺的變化，警覺性不高的人很難預防。這種過程慢得不易使自己感知，也不易使別人察覺。但越是這樣越可怕，因為它往往被一些不起眼的事物所掩蓋。

事實上，被科學家用來形象說明混沌理論的「蝴蝶效應」，也存在於我們的人生歷程中：一次大膽的嘗試，一個燦爛的微笑，一個習慣性的動作，一種積極的態度和真誠的服務，都可以出發生命中意想不到的起點，它能帶來的遠遠不止於一點點喜悅和表面上的報酬。

「蝴蝶效應」的複雜連鎖效應，每天都可能在我們身上發生。我們不可能回到以前去改變我們的過去來改變我們的未來，我們需要的是正確地把握我們的現在。也許，以後的結果就會趨向於好的方面。而走錯一步你可能短時間無法發現，但是幾十年後可能斷送的，就不是你的未來，而是更多。

前言

牛頓在散步時，看到蘋果從樹上掉下來而發現了萬有引力法則；
達爾文在奔馳的馬車中，想起自然淘汰的原則；
湯川秀樹博士在床上想到了中子理論；
阿基米德在洗澡時，看到從浴缸溢出的水，而想出了浮力原理。
你從這些歷史上的構思中，學到了什麼？

現今的社會，就是競爭者的社會。
雖然「競爭」這個字眼有比賽、較量的挑戰火藥味，但如果沒有競爭，這個世界也就只能在原地「發呆」了。所以出來混的，不把身上的發條上緊，就會沒戲唱了，不求上進的人只能跑跑龍套，充當路人甲、路人乙了。
「上緊發條」是說我們每天要不斷充實自己、吸收新知，如此才能跟得上不斷前進的社會脈動，如果你的步調與社會的運作一致的話，那麼你就會如魚得水，悠游自如了。

有很多進入社會的年輕朋友，基本上，學歷好，工作的待遇也不錯，個人的基本素養也都夠，可卻每天活得戰戰競競，緊張兮兮地……追根究柢，才發現是對人際關係的挫敗感，因為儘管工作很上手，可對「十人十色」的人與人之間的相處，卻感到相當無奈，以及不知如何收拾……

其實，免驚！這是很平常的一件事，人際關係牽扯到人際心理學的各種技術，只要你多了解人與社會之間的心理運作方式，這方面的困擾就會慢慢消除了。

這是一部關於人類各種行為的心理法則的作品，從巴菲特的投資學到賈伯斯的蘋果成功密碼以及經營管理者的定律，還有對新鮮人的職場指導原則，另外也有潘朵拉的社會禁忌、人生因果的生存哲理與墨菲定律的進化……等等，可說是一部方方面面、養分十分濃厚的各種心理定律讀本，它將開拓您另一個知性的視角！

第一章　巴菲特的想法和你不一樣／013

第二章　賈伯斯說出了蘋果成功的關鍵／067

第三章　踏入社會不能不懂的定律／107

第四章 不要打開潘朵拉盒子／149

第五章 千古不變的因果定律／209

第六章 墨菲定律的智慧

第一章

巴菲特的想法和你不一樣

I．巴菲特定律

——在其他人都投資的地方投資，你不會發財

「巴菲特定律」是有美國「股神」之稱的巴菲特的投資密碼，是他多年投資生涯後的經驗結晶。從20世紀60年代以廉價收購了瀕臨破產的伯克希爾公司開始，巴菲特創造了一個又一個的投資神話。有人計算過，如果在一九五六年，你的祖父母給你一萬美元，並要求你和巴菲特共同投資，如果你非常走運或者說很有遠見，你的資金就會獲得二萬七千多倍的驚人回報，而同期的道瓊工業股票平均價格指數僅僅上升了大約十一倍。無怪乎有些人把伯克希爾股票稱為「人們拼命想要得到的一件禮物」。在美國，伯克希爾公司的淨資產排名第五，位居美國線上—時代華納、花旗集團、埃克森—美孚石油公司和維亞康姆公司之後。

能取得如此瘋狂的成就，得益於他自己所信奉的聖經，他後來將其總結為「巴

菲特定律」：在其他人都投了資的地方去投資，你是不會發財的。無數投資人士的成功，無不或明或暗地遵從著這個定律

傳說有一位商人，帶著兩袋大蒜，騎著駱駝，一路跋涉到了遙遠的阿拉伯。那裏的人們從沒有見過大蒜，更想不到世界上還有味道這麼好的東西，因此，他們用當地最熱情的方式款待了這位聰明的商人，臨別贈與他兩袋金子作為酬謝。

另有一位商人聽說了這件事之後，不禁為之動心，他想：大蔥的味道不也很好麼？於是他帶著大蔥來到那個地方。那裏的人們同樣沒有見過大蔥，甚至覺得大蔥的味道比大蒜的味道還要好！他們更加盛情地款待了商人，並且一致認為，用金子遠不能表達他們對這位遠道而來的客人的感激之情，經過再三商討，他們決定贈與這位朋友兩袋大蒜！

生活往往就是這樣，你先搶一步，占儘先機，得到的是金子；而你步入後塵，東施效顰，得到的可能就是大蒜！

總而言之，（一）善於走自己的路，才可能走別人沒走過的路。（二）沒有自

己的特色，就沒有優勢。

〔案例一〕一九九五年，維塞爾曼創辦依斯碧斯娛樂公司時，他獨具慧眼地發現，嚴格地說，沒有任何一家公司專注於生產嬰幼兒的娛樂產品。他意識到，在家長和孩子們的電視節目市場中存在一個巨大的品牌空間。不錯，那時已有了《芝麻街》，有了《恐龍巴尼》，但它們都不完全適合那些小腦筋剛開始轉、但話卻說不清的嬰兒觀看。

《天線寶寶》是低幼節目，以動畫片為載體，講述四個可愛的外星人（即天線寶寶）的日常生活，主要的收視對象是從12個月大到5歲的孩子。《天線寶寶》沒有明確設定的教育目標，所以它並不是一個教育節目，它只是呈現孩子們在遊戲中學習、發展的有趣經驗。

《天線寶寶》的內容極為簡單、安全，而《芝麻街》、《恐龍巴尼》等則放入很多的資訊。而低齡兒童「什麼都不知道，就只會玩」，因此，他們創作《天線寶寶》的出發點不是成心「想要教孩子什麼」，而是讓孩子們感到好玩。《天線寶寶》最大的成功之處在於它發掘出了「最年輕的電視觀眾」這一市場。

〔案例二〕一九六二年，沃爾頓開設了第一家商店，名為沃爾．馬特百貨。一九六九年就發展到十八家分店，到一九九二年沃爾頓去世前，他已將其分店網路擴大到一七三五家，年營業額達四百億美元。在短短幾年內，他就超過了美國的大商行凱馬特公司和西爾斯公司，成為了零售行業中當之無愧的龍頭老大。

沃爾頓的成功秘訣很簡單：他避開經濟相對發達的地區和城市，而主要在美國南部和西南部的農村地區開設超級市場。並把發展的重點放在城市的週邊，賭博式的等待城市向外的擴展。他這一有著長遠眼光的發展戰略，不但避開了創業之初與實力強勁的競爭對手的拼殺，而且獨自開發了一個前景廣闊的市場。實踐證明，沃爾頓令人難以置信地成功了。

〔案例三〕日本索尼公司創始人井深大和盛田昭夫，從一開始經營就立志於「率領時代新潮流」，不落一般企業的俗套。有一次，井深大在日本廣播公司看見一台美國製的答錄機，立即搶先買下了其專利權，很快生產出日本第一台答錄機，投放市場後很受消費者歡迎。一九五二年，美國研製成功「電晶體」，井深大立即飛往美國進行考察，又果斷地買下這項專利，回國後僅數周時間便生產出第一支電晶體，銷路大暢。當其他廠家也轉向生產電晶體時，他又成功地生產出世界上第一批「袖珍晶體管收音機」。這一人無我有，人有我轉的戰略，使索尼的新產品總是以迅雷不及掩耳之勢投放市場，並贏得了巨大的經濟效益。

〔案例四〕美國西南航空公司也是深諳巴菲特投資神髓的。「九一一」事件以來，美國航空業就被破產、裁員等壞消息所籠罩。然而，美國西南航空公司卻創下了連續29年贏利的業界奇跡。能取得這樣的成功，在於西南航空始終堅持「低成本營運和低票價競爭」的策略，在自己競爭對手不注意和注重的地方下功夫，找到了屬於自己的財富增長點。

西南航空主營國內短途業務。由於每個航班的平均航程僅為一個半小時，因此西南航空只提供軟飲料和花生米，這樣既可以將非常昂貴的配餐服務費用「還之於民」，又能讓每架飛機淨增7到9個座位，每班少配備2名乘務員。

西南航空還避免與各大航空公司正面交手，專門尋找被忽略的國內潛在市場。在《北美自由貿易協定》簽署後，人們普遍認為總部位於德克薩斯州的西南航空最有條件開闢墨西哥航線，但西南航空抵禦了這種「誘惑」。它遵循「中型城市、非中樞機場」基本原則，在一些公司認為「不經濟」的航線上，以「低票價、高密度、高品質」的手段開闢和培養新客源，取得了巨大成功。

無論是投資還是經營企業，我們都要善於找到自己的財富增長點。隨大流、一窩蜂是賺不到錢的。我們要牢牢記住巴菲特的忠告：在其他人都投了資的地方去投資，你是不會發財的。

沃倫·巴菲特一九三〇年出生在美國西部一個叫做奧馬哈的小城。他出生的時候，正是家裡最困難的幾年。父親霍華德·巴菲特因為投資股票而血本無歸，家裡生活非常拮据，為了省下一點咖啡錢，母親甚至不去參加她教堂朋友的聚會。

在苦難的生活中，巴菲特作為父母的唯一男孩，顯示出超乎年齡的謹慎。他甚至在學走路的時候就如此，他總是彎著膝蓋，彷彿這樣就可以保證不會摔得太慘。在隨母親去教堂時，姐姐總是到處亂跑以致於走丟了，而他總是老老實實地坐在母親身邊，用計算宗教作曲家們的生卒年限，來打發時間。

巴菲特自小就覺得數字是非常有趣的東西，並顯示了超常的數字記憶能力。他能整個下午和小夥伴拉塞爾一起，記錄街道上來來往往的汽車牌照號碼。天色已晚，他們又開始重複自認為有趣的遊戲：拉塞爾在一本大書上讀出一大堆城市名稱，而巴菲特就迅速地逐個報出城市的人口數量。

看著父母每天為衣食犯愁，5歲的巴菲特產生了一個執著的願望：他要成為一個非常非常富有的人。那年，巴菲特在家外面的過道上擺了個小攤，向過往的人兜售口香糖。後來，他改為在繁華市區賣檸檬汁。難得的是，他並不是掙錢來花的，而是開始繼續財富。

7歲的時候，巴菲特因為盲腸炎住進醫院。在病痛中，他拿著鉛筆在紙上寫下許多數字。他告訴護士，這些數字代表著他未來的財產：「雖然我現在沒有太多的錢，但是總有一天，我會很富有。我的照片也會出現在報紙上的。」一個7歲的孩子，用對金錢的夢想支撐著挨過被疾病折磨的痛苦。

9歲的時候，巴菲特和拉塞爾在加油站的門口數著蘇打水機器裡的瓶蓋數，並把它們運走，儲存在巴菲特家的地下室。這可不是9歲少年的無聊舉動，他們是在做市場調查。他們想知道，哪一種飲料的銷售量最大。

他還到高爾夫球場上尋找用過的但是可以再用的高爾夫球，細心地把它們按照牌子和價格整理出來，再發給鄰居去賣，然後他從鄰居那裡提成。巴菲特還和一個夥伴在公園裡建了高爾夫球亭，生意很是火紅了一段。

巴菲特和拉塞爾還當過高爾夫球場的球童，每月能掙3美元的報酬。

晚上，看著街上來來往往的車流和人流，巴菲特會說：「要是有辦法從他們身上賺點錢就好了。不賺這些人的錢太可惜了。」

拉塞爾的母親曾向巴菲特提出這樣一個問題：「你為什麼想賺那麼多錢？」這個孩子回答：「這倒不是我想要很多錢，我覺得賺錢並看著它慢慢增多是一件很有意思的事。」

少年時代的巴菲特有一本愛不釋手的書——《賺到1000美元的1000招》，這本書用一些白手起家的故事來激發人們創造財富的慾望。巴菲特沉醉於創業成功者的故事裡，想像著自己未來的成功景象：站在一座金山旁邊，自己顯得那麼渺小。他牢記書中的教誨：開始，立即行動，不論選擇什麼，千萬不要等待。

巴菲特在11歲那年，就被股票吸引住了，他和姐姐以每股38美元買下三股城市設施優先股股票，結果股價漲到了40美元，扣除傭金淨賺了5美元，而這具有歷史意義的5美元，卻在巴菲特的心中埋下了成為日後「股神」的火種……

13歲那年，巴菲特成了《華盛頓郵報》的發行員，並因此成了納稅人。但除此之外，巴菲特一點也不開心，他在學校成績一般，還時常給老師惹點麻煩。在經歷了一次失敗的出走後，巴菲特開始聽話和用功了。他學習成績提高了，送報的路線也拓展了許多。他每天早上要送500份報紙，這需要在5:20分前就離開家。偶爾當他病倒時，母親利拉就幫他去送報，但她從來不要巴菲特的錢：「他的積攢是他的一切，你根本不敢去碰他裝錢的那個抽屜，每一分錢都必須好好地待在那裡。」

這時的巴菲特就顯示出了和他年齡不相稱的商業頭腦，他制定了最高效率的送報路線，而且還在送報的時候兜售雜誌。為了防止讀者賴帳帶來的損失，他免費給電梯間的女孩送報，這樣一旦有人要搬走，女孩就會向巴菲特提供消息。巴菲特很快就把送報做成了大生意，他每月可以掙到一百七十五美元。到一九四五年，14歲的巴菲特就把一千二百美元投資到了一塊40英畝的土地上。

到高年級的時候，巴菲特和善於機械修理的好朋友丹利開始在理髮店裡設置彈子機，他們和理髮店的老闆五五分成，生意非常好，市場不斷擴大。但是，巴菲特並沒有被利潤沖昏頭腦，他總是很冷靜地在較為偏僻的地方選址，以防地痞流氓控制他們的生意。

一九四七年，巴菲特中學畢業時，在三百七十人的年級中排名第十六。威爾森年鑑上對巴菲特的評價是：喜歡數學……是一個未來的股票經濟家。

父親堅持要巴菲特到賓州華頓商學院讀書，但巴菲特認為那是浪費時間，自己已經掙了五千多美元，讀了大概一百本商業書籍，還要學什麼呢？但是父命難違，他還是到了華頓。巴菲特對華頓極為厭倦，他認為他懂得的比教授們都多，教授們雖然有著成套完美的理論，但對如何真正賺錢卻一無所知。巴菲特在學校裡不能安心上課，而是在費城的股票交易所裡耗費了許多時間。確實，在華頓沒什麼東西可教巴菲特。

一九四九年夏天，巴菲特離開了華頓，到內布拉斯加大學去讀書。實際上，巴菲特在內布拉斯加大學只是一個名義上的學生，他一邊幹著全天班的工作，一邊打橋牌，一邊卻拿到了學業成績A。他的積蓄也有了九千八百美元。

後來，沃倫·巴菲特成為了美國一個神話般的人物。和歷史上同時代的大富豪比如石油大王洛克菲勒、鋼鐵大王卡內基，還有後來的軟體大王比爾·蓋茨相比，巴菲特不同凡響，其他人的財富都是來自一個產品或者發明，而巴菲特卻是個純粹的投資商。他從事股票和企業投資，迄今已經積累了一百六十六億美元的財富，並成為美國投資業和企業的公共導師。

在40年的投資生涯里，巴菲特從沒有用過財務槓桿，沒有投機取巧，沒有遭遇過大的風險，沒有哪年虧損。不管外界如何風雲變幻，巴菲特在市場上一直保持良好的態勢，同期沒有哪個人能與巴菲特相媲美。

這真是個奇蹟——在市場專家、華爾街經紀人們看來，簡直是一件不可思議的事情。為了參悟巴菲特成功的奧妙，人們每年一次蜂擁到小城奧馬哈，像朝聖一樣去聆聽巴菲特的教誨，把他的著作視為《聖經》，像念經文一樣背誦他的格言。但是，比爾．蓋茨一語打破了人們的幻想：「只將沃倫大量的格言記在心裡是遠遠不夠的，雖然沃倫大量的格言值得記下來。」

巴菲特5歲就開始做發財的夢，但是他並不把獲取金錢看做最終的目標，他喜歡看著錢的數量增加，但絕不貪戀錢財。他的遺囑就是這個觀點的最好印證。在遺囑中，他把個人財產的99％捐給慈善機構，只把為數不多的1％留給自己的孩子、他解釋說：「我希望我的孩子們有足夠的錢去幹他們想幹的事情，而不是因為有太多的錢而什麼也不幹。」

一般人只要提起股神巴菲特，都會認為他是個高不可攀的巨人，而他的投資哲學，絕對是十分深奧而且很難去學到他的一丁點皮牛的，其實他的投資哲學非常簡單：（一）觀察企業全貌；（二）短期價格變化；（三）著眼於投資人與公司長期的關係投資。

他的策略也非常簡單，簡單到令人難以相信的地步，其策略共分為簡單的四個步驟：（一）不理會股票市場每日的漲跌；（二）不擔憂經濟形勢（前提是巴菲特選定了能在任何經濟環境中獲利的企業）；（三）買的是企業，而不是股票；（四）管理企業的投資組合。

根據巴菲特定律，企業要想投資成功需要有五項投資邏輯：

一、把自己當成是企業的經營者

其實好的商人都應該是好的投資人，比如李嘉誠的投資眼光就是很好的，他在香港房地產最低迷之時，逆勢拿地，比如他在加拿大的一家石油公司陷入危機的時候，出手買入成為控股者，後來獲利豐厚。

二、好企業比好價格更重要

這是巴菲特在一九七九年致股東的信首次提出的，好公司比好價格更重要。

而在此前，他推崇的是用最便宜的價格，買入內在價值高於價格的公司，而不管這家公司未來發展如何。很顯然地，以合理的價格買入優質公司，往往還能獲得優質企業不斷成長的錢，而低估價格買入一般企業，則可能發生一般企業價值不斷下降的現實情況。

三、一生追求消費壟斷企業

其實巴菲特非常重視的是定價權，定價權從何而來？就是壟斷。

為什麼要選擇消費領域？消費領域的現金流都很好，巴菲特持有的企業基本來自於能源消費、普通消費以及奢侈品等，持有的銀行也是零售銀行做得比較好的富國銀行等。

四、最終決定股價的是內在價值

這一點不用多說了，我們都知道，長期來看，股價的唯一決定因素是價值，價格圍繞價值波動，只要價值不斷增加，價格遲早會反應價值。

五、沒有任何時間適合將最優秀的企業脫手

這個就不要學了，雖然優秀企業是要比較長期的持有，但是對於普通投資者來說，過分高估的價格不賣掉是不合理的，因為我們需要資本市場的泡沫給我們帶來更高的投資回報。巴菲特是從一個商業帝國的角度出發啊，持有好公司當然就一直當做控股子公司就好了，為自己貢獻源源不斷的現金流，為什麼要出售呢？

另外，巴菲特說他不接受任何內幕消息以及任何所謂專家的預測。

一、發現別人沒有發現的市場空缺。

二、投資別人都意識到卻不屑於投資的市場空缺。

三、投資已經形成競爭態勢的市場領域，但一定要闖出特色。

要投資股票，不妨借鑑巴菲特的經驗。巴菲特總結了十項投資要點：

一、利用市場的愚蠢，進行有規律的投資。

二、買價決定報酬率的高低，即使是長線投資也是如此。

三、利潤的複合增長與交易費用和稅負的避免使投資人受益無窮。

四、不在意一家公司來年可賺多少，僅有意未來5至10年能賺多少。

五、只投資未來收益確定性高的企業。

六、通貨膨脹是投資者的最大敵人。

七、價值型與成長型的投資理念是相通的：價值是一項投資未來現金流量的折現值，而成長只是用來決定價值的預測過程。

八、投資人財務上的成功與他對投資企業的了解程度成正比。

九、「安全邊際」從兩個方面協助你的投資：首先是緩衝可能的價格風險，其次是可獲得相對高的權益報酬率。

十、擁有一支股票，期待它下個星期就上漲，是十分愚蠢的。就算聯儲主席偷偷告訴我未來兩年的貨幣政策，我也不會改變我的任何一個作為。不理會股市的漲跌，不擔心經濟情勢的變化，不相信任何預測，不接受任何內幕消息，只要注意兩點：A.買什麼股票；B.買入價格。

最後，他又建議投資人可以參照的八項投資標準：

一、必須是消費壟斷企業。

二、產品簡單、易了解、前景看好。

三、有穩定的經營史。

四、經營者理性、忠誠，始終以股東利益為先。

五、財務穩鍵。
六、經營效率高、收益好。
七、資本支出少、自由現金流量充裕。
八、價格合理。

總結「巴菲特定律」，即是投資人必須保持獨立思考的判斷以及內心的平靜，在別人顯貪婪時要特別保持清醒並且加強警惕之心。

2．羊群效應

——盲從的從眾心理會導致失敗

有個人，白天在大街上狂奔，結果大家也跟著跑，除了第一個人，大家都不知道奔跑的理由。人們有一種從眾心理，由此而產生的盲從現象就是「羊群效應」。

很多時候我們不得不放棄自己的個性去「隨大流」，因為我們每個人不可能對任何事情都瞭解得一清二楚，對於那些不太瞭解，沒把握的事情，往往「隨大流」。持某種意見人數多少是影響從眾的最重要的一個因素，很少有人能夠在眾口一詞的情況下，還堅持自己的不同意見。壓力是另一個決定因素。在一個團體內，誰做出與眾不同的行為，往往招致「背叛」的嫌疑，會被孤立，甚至受到懲罰，因而團體內成員的行為往往高度一致。

「羊群效應」告訴我們，許多時候，並不是諺語說的那樣——「群眾的眼睛是雪亮的」。在市場中的普通大眾，往往容易喪失基本判斷力。人們喜歡湊熱鬧、人云亦云。群眾的目光還投向資訊媒體，希望從中得到判斷的依據。但是，媒體人也是普通群眾，不是你的眼睛，你不會辨別垃圾信息就會失去方向。所以，收集信息並敏銳地加以判斷，是讓人們減少盲從行為，更多地運用自己理性的最好方法。

理性地利用和引導羊群行為，可以創建區域品牌，並形成規模效應，從而獲得利大於弊的較佳效果。尋找好領頭羊是利用羊群效應的關鍵。

對於個人來說，跟在別人屁股後面亦步亦趨難免被吃掉或被淘汰。最重要的就是要有自己的創意，不走尋常路才是你脫穎而出的捷徑。不管是加入一個組織或者是自主創業，保持創新意識和獨立思考的能力，都是至關重要的。

社會心理學家研究發現，影響從眾的最重要的因素是持某種意見的人數多少，而不是這個意見本身。人多本身就有說服力，很少有人會在眾口一詞的情況下還堅持自己的不同意見。20世紀末期，網路經濟一路飆升，「.com」公司遍地開花，所有的投資家都在跑馬圈地賣概念，IT業的CEO們在比賽燒錢，燒多少，股票就能漲多少，於是，越來越多的人義無反顧地往前衝。

當然，任何存在的東西總有其合理性，羊群效應並不見得就一無是處。這是自然界的優選法則，在信息不對稱和預期不確定條件下，看別人怎麼做確實是風險比較低的。羊群效應可以產生示範學習作用和聚集協同作用，這對於弱勢群體的保護和成長是很有幫助的。

羊群效應告訴我們：對他人的信息不可全信也不可不信，凡事要有自己的判斷，出奇能制勝，但跟隨者也有後發優勢，常法無定法！

另外，「羊群效應」是指管理學上一些企業的市場行為的一種常見現象。

經濟學中經常用「羊群效應」來描述經濟個體的從眾跟風心理。羊群是一種很散亂的組織，平時在一起也是盲目地左衝右撞，但一旦有一隻頭羊動起來，其他的羊也會不假思索地一哄而上，全然不顧前面可能有狼或者不遠處有更好的草。因此，「羊群效應」就是比喻人都有一種從眾心理，從眾心理很容易導致盲從，而盲從往往會陷入騙局或遭到失敗。

羊群效應的出現一般在一個競爭非常激烈的行業上，而且這個行業上有一個領先者（領頭羊）占據了主要的註意力，那麼整個羊群就會不斷摹仿這個領頭羊的一舉一動，領頭羊到哪裡去吃草，其它的羊也去哪裡淘金。

有則幽默笑話：一位石油大亨到天堂去參加會議，一進會議室發現已經座無虛席，沒有地方落座，於是他靈機一動，喊了一聲：「地獄裡發現石油了！」這一喊不要緊，天堂裡的石油大亨們紛紛向地獄跑去，很快，天堂裡就只剩下那位後來的了。這時，這位大亨心想，大家都跑了過去，莫非地獄裡真的發現石油了？於是，他自己也急匆匆地向地獄跑去。

我們來看看股市中的羊群效應，在資本市場上，「羊群效應」是指在一個投資群體中，單個投資者總是根據其他同類投資者的行動而行動，在他人買入時買入，在他人賣出時賣出。導致出現「羊群效應」還有其他一些因素，比如，一些投資者可能會認為同一群體中的其他人更具有信息優勢。「羊群效應」也可能由系統機制引發。例如，當資產價格突然下跌造成虧損時，為了滿足追加保證金的要求或者遵守交易規則的限制，一些投資者不得不將其持有的資產拋售賣出。

在目前投資股票積極性大增的情況下，個人投資者能量迅速積聚，極易形成趨同性的羊群效應，追漲時信心百倍蜂擁而致，大盤跳水時，恐慌心理也開始連鎖反映，紛紛恐慌出逃，這樣跳水時量能放大也屬正常。只是在這時容易將股票殺在地板價上。

這就是為什麼牛市中慢漲快跌，而殺跌又往往一次到位的根本原因。但我們需牢記，一般情況下急速殺跌不是出局的時候。

炒股要克服羊群效應的潮流，否則不如且做壁上觀。

至於在生意方面，在競爭激烈的「興旺」的行業，很容易產生「羊群效應」，看到一個公司做什麼生意賺錢了，所有的企業都蜂擁而至，上馬這個行當，直到行業供應大大增長，生產能力飽和，供求關係失調。大家都熱衷於摹仿領頭羊的一舉一動，有時難免缺乏長遠的戰略眼光。

對於我們這些職場里的人而言，往往也可能出現「羊群效應」。做IT賺錢，大家都想去做IT；做管理咨詢賺錢，大家都一窩蜂擁上去；在外企幹活，成為一個嘴裡常蹦出英語單詞的小白領，看上去挺風光，於是大家都去學英語；現在做公務員很穩定，收入也不錯，大學畢業生都去考公務員……

我們不是羊，我們要用自己的腦子去思考，去衡量自己。

我們應該去尋找真正屬於自己的工作，而不是所謂的「熱門」工作，都說「男怕入錯行，女怕嫁錯郎」，「熱門」的職業不一定屬於我們，如果個性與工作不合，努力反而會導致更快的失敗。我們還要留心自己所選擇的行業和公司中所存在的潛藏危機，任何行業和企業都不可能是「避風港」，風險永遠是存在的，必須大膽而明智地洞察。在有了這點兒危機意識之後，自然就要預備好對策，當危機真正到來時該怎麼辦？

在《誰動了我的乳酪》中，坐吃山空的小老鼠最終沒有乳酪可吃，而有危機意識、到處尋找新的乳酪的小老鼠，卻在舊的乳酪吃光之前，尋找到了新的生機。

3．青蛙效應

——沒有憂患意識就不會勝利

十九世紀末，美國康乃爾大學的研究者曾進行過一次著名的「青蛙試驗」：實驗者將一隻青蛙丟進沸水中，青蛙觸電般地立即竄了出去。後來，人們又把它放在一個裝滿涼水的大鍋裏，然後慢慢加熱，青蛙雖然可以感覺到外界溫度的變化，卻因隋性，而沒有立即往外跳，慢慢地，直到高溫難忍時，青蛙也已經失去了逃生的能力。最後，這隻青蛙被活活煮熟了。

一八七二年，一個叫作亨滋曼的人又做了一個更精確的實驗，他用九十分鐘把水從21攝氏度加熱到了37.5攝氏度，平均每分鐘升溫速率不到0.2攝氏度。在此期間，他沒觀察到青蛙的行為出現異常。經過不斷實驗，他發現，青蛙可耐受的臨界高溫大約是36～37攝氏度。如果水溫加熱到37.5攝氏度，青蛙就失去了一躍而起的能力，最終只好被活活地煮熟了。

在較慢升溫過程中，由於類似「感覺適應」的原因，持續細微的溫度變化使得青蛙適應了這種刺激，沒能產生應激反應，錯過了最佳逃生時機。直到達到可耐受的臨界高溫，這時，青蛙即使想跑也已經無能為力了。

對於溫水煮青蛙的實驗效果，儘管目前還有爭議，但是，這種「未死於沸水而滅頂於溫水」的結局，卻十分耐人尋味。一百多年來，有許多人重複過這個實驗，有很多青蛙成功地跳出了熱水，也有很多葬身其中，凡是跳出溫水的青蛙都有一個共同特點：溫水升溫過快，沒來得及麻痹青蛙的意志，就已經觸發了它的神經性應激反應。而被煮死的青蛙，則都是死於極為緩慢的加溫過程。

為什麼會這樣？因為在緩慢的加溫過程中，青蛙感受不到溫度上升，神經系統放鬆了警惕，在麻木中迎來了死亡。

失去了危機意識的青蛙死了，而一個人如果喪失了憂患意識，也會像溫水中的青蛙一樣，在不知不覺中錯過了行動的最佳時機，最終很可能會遭受無法估量的損失。以另個角度來說，青蛙效應也是麻痹敵人的最佳效應！

比爾・蓋茨曾經多次強調：「微軟離破產只有十八個月。」這正是一種時刻保持危機意識的表現。其實，不光是高科技企業如此，很多傳統製造業巨頭也會在企業文化中融入憂患意識。

美國波音公司曾經別出心裁地攝製了一部錄影，劇情是「波音公司的倒閉」。在錄影中，天空灰暗，公司總部高高掛著「廠房出售」的招牌，擴音器中反覆播放著「今天是波音公司時代的終結，波音公司關閉了最後一個車間」的通知。而與此同時，公司的全體員工們正在一個個垂頭喪氣地離開工廠……

這部錄影的攝製是為了讓員工保持一種危機心態，而事實上，也確實讓員工受到了巨大震撼。那壓抑的錄影畫面傳達出的強烈的危機感使員工們意識到：只有全身心投入生產和革新中，公司才能生存，否則，今天的模擬倒閉將成為明天無法避免的事實！在這部錄影面世以後，波音公司內部掀起了一個工作狂潮，整體工作積極性和主動性都有了質的飛躍。

正是這種憂患意識，讓波音公司始終保持著強大的發展後勁。20世紀70年代，美國製造業受到日本產品崛起的強烈衝擊，而波音公司始終屹立不倒，靠的正是這種危機感。

時刻保持危機意識，才能在危機來臨時全身而脫。要知道，最壞的情況不是身處險境，而是置身險境卻沒有自救能力；真正的危機也不是災難來臨的那一刻，而是逐漸地退化而不自知，慢慢被蠶食，慢慢被吞沒，當最終醒悟的時候往往都是大勢已去、已經太遲了。

4．鱷魚法則

——斷臂求生的止損法則

世界上最厲害的交易員有一個有用而簡單的交易法則——「鱷魚原則」。所有成功的交易員在進入市場之前，都要反覆訓練對這一原則的理解程度。

所謂「鱷魚法則」，原意是假定一隻鱷魚咬住你的腳，如果你用手臂試圖掙脫你的腳，鱷魚便會同時咬住你的腳與手臂。你愈掙扎，就越陷越深。所以，一旦鱷魚咬住了你的腳，你惟一的生存機會便是犧牲掉一隻腳！

「鱷魚法則」是投資界一個有用而簡單的交易法則。它的引申義就是：當你發現自己的行動背離了既定的方向，必須立即停止，不得有任何延誤，不得存有任何僥倖。

但在實際的投資過程中，人性天生的弱點會時時不自覺地影響我們的操作。一

次大虧，很可能輸掉前面九十九次的利潤。所以嚴格遵守止損定律便成為投資者在風險市場中生存的重要法則。

世界投資大師索羅斯說過，投資本身沒有風險，失控的投資才有風險。止損遠比盈利重要，因為任何時候保本都是第一位的，盈利是第二位的。建立合理的止損原則相當有效，謹慎的止損原則的核心在於不讓虧損持續擴大。

事實上，投資者設置了止損點而沒有執行的例子也比比皆是。市場上，大呼又被套牢的悲劇幾乎每天都在上演。

麥肯錫資深諮詢顧問奧姆威爾·格林紹曾經說過：我們不一定知道正確的道路是什麼，但一定不要在錯誤的道路上走得太遠——這句話可以說是對「鱷魚法則」的經典概括。

資本市場的不確定性讓我們永遠也無法預測止損之後，市場到底是上漲還是下跌。但我們可以確定的是，堅決的止損可以有效地避免虧損繼續擴大，從而讓我們留有足夠的彈藥和機會，再重新獲取後面市場上漲帶來的超額收益。

若以市場的語言表達，這項原則就是：當你知道自己犯錯誤時，立即了結出場！不可再找藉口、期待、理由或採取其他任何動作——趕緊離場！

其實，不論是股市、匯市、期權交易，其交易技巧在這一點上都是相似的。在證券市場上生存，有時需要耐心，有時需要信心，但耐心、信心不代表僥倖，不懂得止損的投資者，不就是輸在僥倖心理上嗎？

譬如在股市中，鱷魚法則就是：當你發現自己的交易背離了市場的方向，必須立即止損，不得有任何延誤，不得存有任何僥倖。不可試圖調整頭寸、避險或其他無謂的措施，趕緊認賠出場！

止損是人類在交易過程中自然產生的，並非刻意製作，是投資者保護自己的一種本能反應，市場的不確定性造就了止損存在的必要性和重要性。成功的投資者可能有各自不同的交易方式，但止損卻是保障他們獲取成功的共同特徵。

世界投資大師索羅斯說過，投資本身沒有風險，失控的投資才有風險。學會止損，千萬別和虧損談戀愛。止損遠比盈利重要，因為任何時候保本都是第一位的，盈利是第二位的，建立合理的止損原則相當有效，謹慎的止損原則的核心在於不讓虧損持續擴大。

明白止損的意義固然重要，然而，這並非最終的結果。事實上，投資者設置了止損而沒有執行的例子比比皆是，市場上，被掃地出門的悲劇幾乎每天都在上演。止損為何如此艱難？原因有三：

其一，僥倖的心理作祟。某些投資者儘管也知道趨勢上已經破位，但由於過於猶豫，總是想再看一看、等一等，導致自己錯過止損的大好時機；

其二，價格頻繁的波動會讓投資者猶豫不決，經常性錯誤的止損會給投資者留下揮之不去的記憶，從而動搖投資者下次止損的決心；

其三，執行止損是一件痛苦的事情，是一個血淋淋的過程，是對人性弱點的挑戰和考驗。

在投資過程中，風險是無處不在的，要想合理有效地規避風險，就需要你牢牢地掌握止損的方法。鱷魚法則就是說我們要承認既定的事實，接受已經發生的事實，如果說做錯了，那麼就要承認錯誤，止損，就是要告訴我們，我們之前的策略已經錯了。我們可能並不知道前面的道路是什麼，但是我們一定不要在錯誤的道路上走太遠。

（一）譬如在股市中，鱷魚法則就是：當你發現自己的交易背離了市場的方向，必須立即止損，不得有任何延誤，不得存有任何僥倖。

（二）當你犯了錯誤的時候，要立即停下來，不可以再找藉口、期待、理由或採取其他任何動作，否則將陷入更大的麻煩和錯誤中去，以致造成更加嚴重的後果。

（三）學會放棄。生活中，有時不好的境遇會不期而至，令我們猝不及防，手忙腳亂，甚至遭成嚴重的損失，這時候要安然處之，及時主動放棄局部利益而保全整體利益是最明智的選擇。智者曰：「兩弊相衡取其輕，兩利相權取其重。」趨利避害，這也是放棄的實質。

在股票等資本市場，投資者應該學習鱷魚捕食的經驗，那就是：等待，等待，耐心的等待；一直要等到時機到來的時候，狠狠地咬一口。之後又是：堅持，堅持，再堅持，直到吃上美味的佳餚。這講究的是一種長線投資思維，不要太過於在意暫時的得失。投資必須沉得住氣，才會獲得豐富的回報。

「鱷魚法則」除了可以在投資市場股票交易中產生止損作用，在生活中也可以充分給予大智大慧的啟示——

一天，保羅在實驗室里講課，他先在桌上放了一瓶牛奶，接著沉默不語。學生們不明白這瓶牛奶和所學的課程有什麼關係，只是靜靜地坐著，望著老師。保羅忽然站了起來，一巴掌把那瓶牛奶打翻到了水槽裡，同時大喊了一句：「不要為打翻的牛奶哭泣。」然後，他讓學生們圍到水槽周圍仔細地看一看，希望他們永遠記住這個道理——「牛奶已經淌光了，不論你怎麼樣後悔和生氣，都沒有辦法把它們取回。你們要是事先想一想，加以預防，那瓶牛奶還可以保住，可是現在晚了，我們現在所能做到的，就是把它忘記，不再犯同樣的錯誤，然後集中精力去做下一件事情吧！」

生活中，很多人會為自己已經做錯的事情後悔、難過、悲傷，雖然他們也可能知道於事無補，但他們卻還是因此而情緒低落，消沉。甚至危及到了自己以後的生活。正如泰戈爾說過：「當你為錯過星星而傷神時，你也將錯過月亮。無論你是快樂還是痛苦，生活是不會因此而放慢腳步的。」可以說，這是古今中外聰明人共同的智慧。

「不要為打翻的牛奶而哭泣」，這句話所包含的哲理是非常豐富深刻的，過去的已經過去，歷史就如黃河之水天上來，奔流到海不復回，不能重新開始，不能從頭改寫。為過去哀傷，為過去遺憾，除了勞心費神和分散精力，對人們沒有一點好處。沉溺於過去的錯誤之中，只會讓你的情緒變得消沉，無論對於事業還是生活，都是一大障礙。

人生漫漫的徵途上，總會伴隨許多困難、挫折，重要的不是我們失去了什麼，而是我們學會了什麼，得到了什麼。我們每做一件事情，都會有經驗和教訓產生，經驗固然可貴，教訓也是不容忽視的。但我們不能沉湎於教訓的打擊，因為我們還要前進。那麼，我們心中就要有這樣一種心態：不為打翻的牛奶哭泣！

記住，被打翻的牛奶已成事實，不可能重新裝回瓶中，我們唯一能做的，就是找出教訓，改正錯誤，不再重蹈覆轍，然後忘掉這些不愉快。

另外，在印度的熱帶叢林中，人們用一種奇特的狩獵方法捕捉猴子——在一個固定的小木盒裡裝上猴子愛吃的堅果，盒子上開一個小口，剛好容納猴子的前爪伸進去。猴子一旦抓住盒子裡的果子，爪子就抽不出來了。因為猴子有一種習性——不肯放棄已經到手的東西。猴子不肯放棄抓到的果子，是被人捉住，失去了自由。

當年，愛因斯坦曾收到一封邀請他出任以色列總統的信函，但愛因斯坦卻拒絕這一邀請，放棄這個職位，他告訴友人說：「我的整個一生都在同客觀世界打交道，因而缺乏天生的才智，又缺乏經驗處理行政事務和公正地對待他人，所以我不適合這個職位。」愛因斯坦放棄了這個令許多人羨慕的職位，專注於客觀世界，最大限度地實現了其價值，成為一個「科學界的巨匠」。

一個青年向一個富翁請教成功之道，富翁卻拿了三塊大小不一的西瓜放在青年面前，問道：「如果每塊西瓜代表一定程度的利益，你選哪塊？」

「當然是最大的那塊！」青年毫不猶豫地回答。

富翁一笑：「那好，請吧！」富翁把那塊最大的西瓜遞給青年，而自己卻吃起了最小的那塊。很快，富翁就吃完了，隨後，拿起桌上的最後一塊西瓜得意地在青年面前晃了晃，大口吃了起來。

青年馬上明白了富翁的意思——富翁吃的瓜雖沒有年輕人的大，卻比青年吃得多，如果每塊西瓜代表一定程度的利益，那麼富翁佔有的利益自然比青年多。

你不可能得到所有的東西，今天的放棄是為了明日更多的得到。

想領略大海的風采，必須放棄讓你駐足的小溪。

在生活中，你不可能擁有一切。人總是處在世間的橫逆之間；現實有時會逼迫你交出權力，告別金錢，放走機會，甚至愛情、家庭……

成大事者，不會計較一時的得失。他們清楚地知道，今日放棄，是為了明日得到更多。就像盛開的花朵為了孕育出甜美的果實，不惜放棄美麗的容顏。迎接他們的是金秋的碩果纍纍和成功的喜悅。

放棄，你就可以輕裝前進，忘記旅途的疲憊和辛苦；放棄，就可以擺脫煩惱、憂愁，整個身心沈浸在悠閒和寧靜中。

放棄還會改善你的形象，使你顯得豁達豪爽；放棄會使你贏得朋友的依賴，使你變得完美、堅強；放棄會使你變得聰明、能幹，更有力量。

學會放棄吧！放棄失戀後的痛楚，放棄受辱後的仇恨，放棄滿腹的憂怨，放棄心頭難以言說的苦澀，放棄費神的爭吵，放棄對權力的角逐，放棄名利的爭奪……

只要學會放棄，你就會開始擁有以前未曾擁有的東西了。

5・路徑依賴原理

——人們做出了選擇，就好比走上一條不歸路

人們一旦做了某種選擇，就好比走上了一條不歸之路，慣性的力量會使這一選擇不斷自我強化，並讓你輕易走不出去。第一個使「路徑依賴」理論聲名遠播的是美國的道格拉斯・諾思，由於用「路徑依賴」理論成功地闡釋了經濟制度的演進，道格拉斯・諾思於一九九三年獲得諾貝爾經濟學獎。

諾思認為，「路徑依賴」類似於物理學中的慣性，事物一旦進入某一路徑，就可能對這種路徑產生依賴。這是因為，經濟生活與物理世界一樣，存在著報酬遞增和自我強化的機制。這種機制使人們一旦選擇走上某一路徑，就會在以後的發展中得到不斷的自我強化。

「路徑依賴」理論被總結出來之後，人們把它廣泛應用在選擇和習慣的各個方

面。在一定程度上，人們的一切選擇都會受到路徑依賴的可怕影響，人們過去做出的選擇決定了他們現在可能的選擇，人們關於習慣的一切理論都可以用「路徑依賴」來解釋。

「路徑依賴」有不同的方向：一種情況是某種初始制度選定後，具有報酬遞增的效果，促進了經濟的發展，其他相關制度安排向同方向配合，導致有利於經濟增長的進一步的制度變遷。這是一種良性的「路徑依賴」。另一種情況是某種制度演變的軌跡形成後，初始制度的效率降低，甚至開始阻礙生產活動，那些與這種制度共榮的組織為了自己的既得利益而盡力維護它。此時社會就會陷入無效制度，進入「鎖定」狀態。這是惡性的「路徑依賴」。

要想「路徑依賴」的負面效應不發生，要想不花費成本來糾正犯錯誤所帶來的損失，那麼在最開始的時候就要找準正確的方向。

撒哈拉沙漠中有一個叫比塞爾的小村莊。傳說，村裡從來沒有一個人走出過大漠。他們不是不願意離開這塊貧瘠的地方，而是嘗試過很多次都沒能夠走出去。英國皇家學院的院士萊文對這種現象感到很奇怪。他來到這個村子向這兒的每一個人問其原因，每個人的回答都一樣：從這裡無論向哪個方向走，最後結果總是轉回到出發的地方。為了證實這種說法，他嘗試著從村莊向北走，結果三天半就走了出來。萊文很納悶，就讓一個村裡人帶路，他跟在那人後面。第十一天的早晨，他們果然又回到了比塞爾。這次萊文明白了，比塞人之所以走不出大漠，是因為他們根本不認識北斗星。在一望無際的大漠裡，一個人如果跟著感覺往前走，最後的足跡十之八九都會像一把捲尺的形狀。

職業生涯亦如此，成功總是從確定職業目標開始。夢想、目標就是我們在人生大海中航行的指南針。因為有目標，才讓我們每一天都竭盡全力地去工作去接近夢想，有夢想才有追求的動力。有了夢想，他們便比其他人更具勇氣，更不畏艱辛。

諾斯把史丹佛教授亞瑟關於技術演進過程中的自我強化現象的論證推廣到制度變遷方面來，從而建立了制度變遷的路徑依賴理論，這一理論是諾斯對新制度經濟學的又一貢獻，其主要內容可概括為以下幾點：

第一制度：變遷如同技術演進一樣，也存在著報酬遞增和自我強化機制。這種機制使制度變遷一旦走上了某一條路徑，它的既定方向會在以後的發展中得到自強化。所以，「人們過去作出的選擇決定了他們現在可能的選擇」。沿著既定的路徑，經濟和政治制度的變遷可能進入良性迴圈的軌道，迅速優化；也可能順著原來的錯誤路徑往下滑；弄得不好，它還會被鎖定在某種無效率的狀態之下。一旦進入了鎖定狀態，要脫身而出就會變得十分困難，往往需要借助外部效應，引入外生變數或依靠政權的變化，才能實現對原有方向的扭轉。

第二制度：變遷不同於技術演進的地方在於，它除了受報酬遞增機制決定外，還受市場中的交易因素影響。諾斯指出，決定制度變遷的路徑有兩種力量，一種是報酬遞增，另一種是由顯路徑依賴著的交易費用所確定的不完全市場，如果沒有報酬遞增和不完全市場，制度是不重要的。而隨著報酬遞增和市場不完全性增強，制度變得非常重要，自我強化機制仍起作用，只是某些方面呈現出不同的特點：

（一）設計一項制度需要大量的初始設置成本，而隨著這項制度的推進，單位成本和追加成本都會下降。

（二）學習效應，適應制度而產生的組織會抓住制度框架提供的獲利機會。

（三）協調效應，通過適應而產生的組織與其他組織締約，以及具有互利性的組織的產生與對制度的進一步投資，實現協調效應。不僅如此，更為重要的是，一項正式規則的產生將導致其它正式規則以及一系列非正式規則的產生，以補充這項正式規則。

（四）適應性預期，隨著以特定制度為基礎的契約盛行，將減少這項制度持久下去的不確定性。總之，制度矩陣的相互聯繫網路會產生大量的遞增報酬，而遞增的報酬又使特定制度的軌跡保持下去，從而決定經濟長期運行的軌跡。

第三制度：變遷比技術演進更為複雜，所以行為者的觀念以及由此而形成的主觀抉擇在制度變遷中起著更為關鍵的作用。諾斯認為，「在具有不同的歷史和結果的不完全回饋下，行為者將具有不同的主觀主義模型，因而會作出不同的政策選擇，因此，制度變遷過程中，邊際調整就不會完全趨同。」所以，不同歷史條件下形成的行為者的不同的主觀抉擇，既是各種制度模式存在差異的重要因素，也是不良制度或經濟貧困國家能夠長期存在的原因之一。

產生原因是因為背後都有對利益和所能付出的成本的考慮。對組織而言，一種制度形成後，會形成某個既得利益集團，他們對現在的制度有強烈的要求，只有鞏固和強化現有制度才能保障他們繼續獲得利益，哪怕新制度對全域更有效率。對個人而言，一旦人們做出選擇以後會不斷地投入精力、金錢及各種物資，如果哪天發現自己選擇的道路不合適也不會輕易改變，因為這樣會使得自己在前期的巨大投入變得一文不值，這在經濟學上叫「沉沒成本」。沉沒成本是路徑依賴的主要原因。

這裡有個實驗：有人將五隻猴子放在籠子裡，並在籠子中間吊上一串香蕉，只要有猴子伸手去拿香蕉，就用高壓水柱教訓所有的猴子，直到沒有一隻猴子再敢動手。

然後，用一隻新猴子替換出籠子裡的一隻猴子，新來的猴子不知這裡的「規矩」，竟又伸手去拿香蕉，結果觸怒了原來籠子裡的四隻猴子，於是它們代替人執行懲罰任務，把新來的猴子暴打一頓，直到它服從這裡的「規矩」為止。

試驗人員如此不斷地將最初經歷過高壓水柱懲戒的猴子換出來，最後籠子裡的猴子全是新的，但沒有一隻猴子再敢去碰香蕉。

起初，猴子怕受到「株連」，不允許其他猴子去碰香蕉，這是合理的。但後來人和高壓水柱都不再介入，而新來的猴子卻固守著「不許拿香蕉」的制度不變，這就是路徑依賴的自我強化效應。

「路徑依賴」有以下兩種不同類型：

一、技術演進中的軌跡依賴

「路徑依賴」原本是被亞瑟用來描述技術變遷的自我強化、自我積累的性質。亞瑟認為，新技術的採用往往具有報酬遞增的性質。由於某種原因，首先發展起來的技術常常可以憑藉佔先的優勢地位，利用巨大規模促成的單位成本降低，利用普遍流行導致的學習效應和許多行為者採取相同技術產生的協調效應，致使它在市場上越來越流行，人們也就相信它會更流行，從而實現自我增強的良性循環。相反，一種具有較之其他技術更為優良的技術卻可能由於遲到一步，沒有獲得足夠的跟隨者，而陷入惡性循環，甚至「鎖定」在某種被動狀態之下，難以自拔。

二、制度變遷中的路徑依賴

諾斯把亞瑟提出的技術變遷機制擴展到制度變遷中，用「路徑依賴」概念來描述過去的績效對現在和未來的強大影響力，證明瞭制度變遷同樣具有報酬遞增和自我強化的機制。這種機制使制度變遷一旦走上了某一條路徑，它的既定方向會在以後的發展中得到自我強化。沿著既定的路徑，經濟和政治制度的變遷可能進入良性迴圈的軌道，迅速優化；也可能順著原來的錯誤路徑往下滑，結果在痛苦的深淵中越陷越深，甚至被「鎖定」在某種無效率的狀態之下。一旦進入了「鎖定」狀態，要想脫身而出就變得十分困難，除非依靠政府或其他強大的外力推動。

通俗地講，「路徑依賴」類似於物理學中的「慣性」，一旦進入某一路徑（無論是好是壞）就可能對這種路徑產生依賴。因此，在既定的制度變遷目標下，要正確選擇制度變遷的路徑並不斷調整路徑方向，使之沿著不斷增強和優化的軌跡演進，避免陷入制度鎖定狀態。

制度變遷過程中產生「路徑依賴」的原因主要有三個方面：

（一）正式規則對經濟發展的作用是連續的、累積的。一國政治法律制度約束著經濟自由度和個人行為特徵，進而影響經濟效益。

（二）非正式規則對經濟發展的作用更是持久的、沉澱於歷史過程中的。與正式制度相比，非正式制度具有較強的非易性，其變遷也是連續的、緩慢的、漸進的、內生的。在歷史上雖然許多國家的政治法律制度差異不大，但經濟發展路徑卻相差頗大，其主要原因就是不同的非正式制度和傳統文化在起作用。

（三）與制度相關的特殊利益集團具有保持制度變遷持續下去的推動力。因為這種利益集團與現有制度是共存共榮的，而且在各種利益的博弈中處於主導地位，只會加強現有制度，從而促使制度變遷保持原有的慣性、按原有的方向持續下去。

一個廣為流傳、引人入勝的例證是：現代鐵路兩條鐵軌之間的標準距離是四英尺又八點五英寸。原來，早期的鐵路是由建電車的人所設計的，而四英尺又八點五英寸正是電車所用的輪距標準。那麼，電車的標準又是從哪裡來的呢？最先造電車的人以前是造馬車的，所以電車的標準是沿用馬車的輪距標準。馬車又為什麼要用這個輪距標準呢？英國馬路轍跡的寬度是四英尺又八點五英寸，所以，如果馬車用其他輪距，它的輪子很快會在英國的老路上撞壞。這些轍跡又是從何而來的呢？從古羅馬人那裡來的。因為整個歐洲，包括英國的長途老路都是由羅馬人為它的軍隊所鋪設的，而四英尺又八點五英寸正是羅馬戰車的寬度。

任何其他輪寬的戰車在這些路上行駛的話，輪子的壽命都不會很長。可以再問，羅馬人為什麼以四英尺又八點五英寸為戰車的輪距寬度呢？原因很簡單，這是牽引一輛戰車的兩匹馬屁股的寬度。

故事到此還沒有結束。美國航天飛機燃料箱的兩旁有兩個火箭推進器，因為這些推進器造好之後要用火車運送，路上又要通過一些隧道，而這些隧道的寬度只比火車軌道寬一點，因此火箭助推器的寬度是由鐵軌的寬度所決定的。

所以，最後的結論是：路徑依賴導致了美國航天飛機火箭助推器的寬度，竟然是兩千年前便由兩匹馬屁股的寬度所決定的。

人們關於習慣的一切理論都可以用「路徑依賴」來解釋。它告訴我們，要想路徑依賴的負面效應不發生，那麼在最開始的時候就要找準一個正確的方向。每個人都有自己的基本思維模式，這種模式很大程度上會決定你以後的人生道路。而這種模式的基礎，其實是早在童年時期就奠定了的。做好了你的第一次選擇，你就設定了自己的人生。

6．邊際效應

——額外得到的附加效果

心理學是一門揭示人的心理活動規律的科學，是一門讓人變得更聰明的學問，也是一門非常實用的學問。不過，要想利用好心理學，必須有一個前提：你得了解心理學。正如我們常說的，要「行」，必須先要「知」。「行」和「知」往往是聯繫在一起的，但是只有先「知」，才能後「行」。從這一點上來說，要想把心理學當成一種工具，拿起來就要會使用。

「邊際效應」也稱為「邊際貢獻」，是指消費者在逐次增加一個單位消費品的時候，帶來的單位效用是逐漸遞減的（雖然帶來的總效用仍然是增加的）。舉一個通俗的例子，當你肚子很餓的時候，有人給你拿來一籠包子，那你一定感覺吃第一個包子的感覺是最好的，吃得越多，單個包子給你帶來的滿足感就越小，直到你吃撐了，那其他的包子已經起不到任何效用了。

在經濟學中邊際效應是指經濟上在最小的成本的情況下達到最大的經濟利潤，就像是「帕累托定律」一樣，用20％的產品貢獻出80％的營業額。

在會計學中邊際效應是指銷售收入減去變動成本後的餘額，邊際貢獻是運用盈虧分析原理，進行產品生產決策的一個十分重要指標。通常，「邊際貢獻」又稱為「邊際利潤」。

邊際效應的應用非常廣泛，像是經濟學上的需求法則就是以此為依據，即：用戶購買或使用商品數量越多，則其願為單位商品支付的成本越低（因為後購買的商品對其帶來的效用降低了）。當然也有少數例外情況，例如集郵愛好者收藏一套清明上河圖郵票，那麼這一套郵票中最後收集到的那張郵票的邊際效應是最大的。

邊際貢獻分析就是在對成本進行習性分析的基礎上，根據在相關範圍內固定成本相對不變的特性，在決策分析時對這部分成本不予考慮，而只對產品所創造的邊際貢獻進行分析，通過比較各方案的邊際貢獻大小來確定最優方案的分析方法。

一、開發新產品的決策分析

前面敘述的只是利用企業剩餘生產能力分析研究，究竟開發哪種新產品比較合適。至於通過增加固定資產投資，擴大生產能力以發展新產品的決策，則屬於長期投資決策範圍。

二、是否接受追加訂貨的決策分析

這方面的決策可以採用差量分析法，也可採用邊際貢獻分析法。原則上只要對方客戶的開價略高於單位變動成本，並能補償專屬成本，即可接受。

三、虧損產品是否停產或轉產的決策分析

工業企業在日常經營過程中，往往會由於某些產品質量較次、款式陳舊等原因造成市場滯銷，倉庫積壓，發生虧損，這就引起了虧損產品是否要停產或轉產的問題。對於這方面的決策，通常可採用邊際貢獻分析法加以解決。

「邊際效應」在為人處事的時候也會產生作用：如果見面的時候，你能稱讚一下對方、說一些對方的好話，那麼很快就能改善兩者之間的關係。但是無論是稱讚之話，還是好話都不能泛濫、過多，否則就會給別人產生一種虛偽的感覺，甚至會

讓人覺得厭煩。

例如，你是公司管理層，要給員工加薪，給三萬月薪的人增加一萬帶來的效應，一般來說是比六萬月薪增加一萬的要大，甚至比給六萬月薪的人增加二萬的還大。所以，似乎給低收入的人增加月薪更對公司有利；如果是對同一個人則更是明顯，例如，他拿三萬時候增加一萬所帶來的激勵效果，一般情況下遠遠比他拿六萬月薪時候增加二萬所產生的激勵效果大。另外，經常靠增加薪水來維持員工的工作熱情是不行的，第一次漲薪一萬後，員工非常激動，大大增加了工作熱情；第二次漲薪一萬，很激動，增加了一些工作熱情；第三次漲薪二萬，有點激動，可能增加工作熱情；第四次……直至漲薪已經帶來不了任何效果，因為根據馬斯洛的需求理論來說，當薪水達到一定的水平的時候，這時候他關注的重點已經發生了轉移，所以激勵方式方法都應該隨之變化。

如果想避免這種情況，在每次漲薪都想達到和第一次漲薪一萬相同的效果，則第二次漲薪可能需要二萬，第三次需要三萬……或者在薪水漲到一定程度後，採用紅包的形式更加富有激勵和引導效果。當然，使用其它激勵措施，像是第二次可以安排他參加職業發展培訓，第三次可以對他的職位進行提升，雖然花費比較多，但由於手段不同，達到了更好的效果。

如果以心理學的觀點，來解釋人際關係的讚美對方的邊際效應，我們有以下五點的建議：

一、讚美不可過於誇張

人們在讚美別人時，愛使用誇張的手法。故意將對方的優點與成就誇大，以獲取對方的好感。在讚美他人時適當地誇張能夠有利於表達自己的肯定成分，對方也會樂於接受。但不切實際的讚美對方，過分地誇張對方的超人之處，就有阿諛奉承、溜鬚拍馬之嫌。對於這樣誇張的讚美，對方會很反感。讚美本來有恭敬之意，這樣以來就有冒犯的味道了。讚美要出自內心、真心實意。言不由衷或言過其實，對方都會懷疑讚美者的意圖。

讚美是可以的，如果過度的誇張，讚美也就變了味。過分地誇張往往使讚美脫離實際情況，讓人感覺缺乏真誠的東西。真誠的讚美應該是樸素的，有所保留的。越是了解，讚美對方就越不應該過分誇張和矯揉造作，有涵養的人都喜歡自然樸實的讚美。對於一般知識分子，你誇他智力超群，才華出眾對方會很生氣。對長相一般的女性，你誇她美貌過人，她也會認為你在諷刺她。

二、讚美不要討好奉承

做人要「日行一善」，其實日行一善並不難，讚美別人也是一善。但讚美不同於阿諛，阿諛是一種虛偽的奉承，所謂「好阿諛則是非之心起」，所以做人寧容諫諍之友，勿交阿諛之人，被人批評不可怕，受人阿諛才可畏。有的人讚美不當，成了逢迎拍馬、阿諛奉承，也會受人輕視，因此做人不要阿諛諂媚，還要避免讚美不當而不自覺地陷入阿諛的陷阱。

讚美和阿諛最大的區別在於出發點的不同。讚美一般是符合客觀實際情況的，而阿諛往往是誇大其詞。在日常交際中，要多一些真心誠意的讚美，少一些阿諛，這樣最終會給你帶來好名聲。

三、說好話時態度要真誠

在向對方說好話時，態度一定要真誠。雖然人人都喜歡別人對自己說的好話，但並非所有的好話都能達到效果。你只有以真誠的態度來面對才能獲得好的效果。否則，虛情假意的說了一大堆，對方未必能接受。有句話說得好：不真誠的好話還不如沒有說出那句話。

四、說好話的內容要真實具體

在向對方說好話的時候，要有真實具體的內容。以事實說話，以憑據來讚美對方，沒有人不願接受的。內容說的越真實、具體，對方越能得到優越感和自信心。比如說出對方的業績與成就，這是最有力的方式。有理有據，誰也不可否認的事實，被讚美者會對你的讚美方式暗自佩服的。

五、把握好說好話的時機。

好話確實是好，但是並不意味著好話什麼時候都能說，我們只有把握好時機，適當地以此來點綴一下，那麼效果就會很好。比如對方在說起自己成績的時候、制訂新的計劃時、有一個新的開始時等等，適當地說一些好話給對方，對方一定會樂開懷的。

第二章

賈伯斯說出了蘋果成功的關鍵

I・賈伯斯法則

——網羅第一流的人才！

人類社會是一個集合體。任何一個想要成就一番偉大事業的人，都要從中尋找和自己志同道合的人幫助自己走向成功。而在這樣紛雜的社會當中，究竟怎樣的人才是企業需要的呢？蘋果公司的領導人賈伯斯給出了自己的答案：第一流的人才。

賈伯斯給一流人才的定義是：一個一流的人才，等於五十個普通的人才。

賈伯斯說，自己在管理蘋果公司的時候，四分之一的時間都在尋找一流的人才。在賈伯斯的商業哲學裡，蘋果始終是、也必須是一家可以「全盤掌控」的公司。從硬體到軟體，從設計到功能，從作業系統到應用軟體，蘋果的產品必須全部由自己打造，以便於隨時改變。蘋果必須保證，當每一項新的計劃出爐之後，所有參加這項計劃的人，能夠迅速將這一計劃變成現實。為了執行這個現實，這就需要一批一流的人才為蘋果所用。

怎麼才能使一流的人才能夠為我所用呢？

首先企業家要明確一個問「我為什麼需要一流人才？」

很多管理者的答案是，因為一流人才有著超越一般人才的能力，能夠幫助企業更快更好地發展。這其實是一個誤區。所謂的「一流人才」，不僅僅是因為他們在能力上比一般人強，而是他們更加懂得公司的運轉，能夠更好地以一人之力帶動和團結整個團隊進行工作。而對待一流人才，企業家絕對不能夠以居高臨下的態勢，認為自己是他的領導者，而應該以朋友的姿態去面對。賈伯斯當年花了四個月的時間，才成功使得約翰・斯卡利加盟蘋果，這就是很好的證明。

同時，企業還要弄清楚一點，為什麼一流人才會願意到你的公司工作。簡單來說，就是你的企業有什麼樣的吸引力來吸引人才。高薪待遇和所謂的公司發展前景，只是老闆眼中的吸引力，沒有任何實際意義。企業最能夠打動一流人才的是良好的環境、完善的發展規劃以及管理者百分百的信任。給有能力的人以廣闊的發展空間，他才能夠充分施展自己的才能。很多領導者雖然請來了一流的人才，但又不肯給他發揮才能的機會，只是一味地讓他按照自己的指示辦事，這樣的獨裁做法，是難以留住人才的。

找到並任用了一流人才，企業還要思考的是怎樣留住一流的人才。不少企業的管理者對此認識不深。他們或是認為人才隨處可以找到，所以不必花費心思留住他們；或是認為只要提供較好的待遇和豐厚的報酬，就可以讓一流人才心甘情願地替自己賣命。

有著這種想法的企業，肯定留不住一流的人才。任何一個在行業內被認為是一流的上班族人才，自身必然會有一定的經濟基礎，而且更重要的是，他們對這個行業，有著自己獨到的想法或是理想。他們之所以選擇自己不做老闆，原因可能有很多種，但在自我認可的程度上，他們顯然比一般的人才要強。他們需要的，是尊重與自我實現；他們最擔心的，是在企業中不能完全施展自己的抱負；最害怕的，是領導對自己不信任，同事對自己不認同。

所以，要想留住一流的人才，必須要為他營造一個安全而舒適的工作環境。放手將一些事務交給他處理，一切都不用你去操心，他自己會努力報答你的信任，實現他的價值。因此，信任和感情，才是一流人才最重視的東西。

你相信依靠人才培養，可以讓一個小小的百貨店變成一家大公司嗎？這個看上去有些不可思議的法則，卻是不可質疑的事實。日本的大榮集團株式會社公司，正是依靠對人才培養這一問題的重視，成為著名的百貨公司。大榮公司的這一法則，也得到了業界人士的充分認可，被管理學稱為「大榮法則」。

在大量企業出現的今天，很多企業都面臨著人才匱乏的問題。同時，人才日益頻繁地跳槽，也讓企業頭疼不已。因此，管理學界提出了「大榮法則」，目的就是要讓企業在發展初期就做好人才計劃，從而解決人才問題。

大榮公司認為，人才的培養，是決定企業生存和發展的命脈。企業的發展，需要依靠人才的發展；人才的不斷湧現，才能造就企業的繁榮。大榮公司提供的經驗是：人才培養，首先要注意人才的選擇。選擇人才時，要根據公司的標準，大面積選拔人才。選擇人才時不要拘泥於某一個方面，而應當綜合多方面因素，選擇各類人才。給予這些人才充分的成長空間，也是相當重要的。只有不斷地進行商業實踐，才能夠讓他們逐漸成長，增加自身處理事務的能力。企業用人，最重要的是信任。在人才培養的過程中，企業一定要站在人才的角度，盡力給他們的成長提供幫助。做到「用人不疑，疑人不用」。

「只有瘋狂的人才能改變世界！」賈伯斯為世界帶來的禮物——

蘋果的靈魂人物史蒂芬・賈伯斯在二〇一一年離開了這個世界，不過他仍然對後世產生極大的影響，甚至今年蘋果更傳出要在今年帶回賈伯斯當年參與設計的iPhone 4方正外型，帶回一些資深果粉的心，可見賈伯斯對蘋果的影響力！

一、「電腦」的不斷創新

在蘋果公司開創期，賈伯斯就以想要打造出一台方便攜帶的個人電腦為理念不斷努力，他們製造了世界最早商業化的個人電腦，這台電腦就叫做Apple。之後賈伯斯也不斷改變電腦外型和概念，他們曾打造出成功的iMac，iMac打破當時電腦使用米色加上又厚又重外觀的想法，採用全透明的「邦代藍」外殼，獲得極大的成功，雖然他們下一代iMac G4仍然想要創新，卻被嘲笑外觀像是「檯燈」，但這樣也沒有阻止賈伯斯持續在電腦上創新，二〇〇八年推出MacBook Air成為世界最輕薄的筆電，為了達到最輕薄，當時蘋果決定拿掉光碟機和網路插孔的設計在當時其實相當大膽，不過放到現在光碟消失的狀況來說，只能說賈伯斯的見解真的非常前衛！現在的Mac仍然保留了賈伯斯打造的字型、封閉式系統MacOS，最新推出的iMac主機上的手把，甚至是平板電腦iPad，也是為了維持賈伯斯想要「方便攜帶」的概念！

二、iPod：改變了全世界聽音樂的方式

在iPod系列登場之前，全世界都習慣使用MP3播放器、音響和音樂光碟的方式在聽音樂，不過iPod使用數位檔案的方式存取音樂，小小的外型非常方便攜帶，隨身帶著音樂播放器再也不是一件困難的事情，從此音樂光碟開始式微，串流平台崛起，而音樂人們也與Apple一起建立起新的音樂版權方式。

三、iPhone+App Store：正式宣告網路世代到來

大家一定都還記得以前上網都還要用撥接網路、電腦又跑超慢的日子吧？在現在智慧型手機的時代已經很難再回去那樣不方便的時刻，而讓智慧型手機普及，當年蘋果推出iPhone絕對是關鍵，但在iPhone普及之前，其實黑莓機當年才是最紅的手機，不過蘋果在iPhone上推出App Store，把所有軟體都變成隨時可安裝、開發門

檻不再太高，加上通訊技術到位，就正式宣告網路世代的到來！iOS系統的誕生也讓所有廠商紛紛推出自家系統，不過目前就以Google推出的Android系統最為大宗。

四、矽谷的發表會簡報模式

賈伯斯每次都將發表會變成是一場充滿驚喜的秀，這也是果粉們每年都會期待蘋果發表會的原因之一！每場發表會賈伯斯都會穿上他標誌性的黑色毛衣加上牛仔褲，在台上以各種別具創意的方式發表新產品，像是發表MacBook Air時，他就拿著公文紙袋，從袋中取出這台號稱全世界最輕薄的筆電，這個形式讓MacBook Air「輕薄」的形象更深植在人們的心中，而首次發表iPhone時同時用iPod結合更強的網路設備、手機三樣產品結合成一個產品的形象推出，更同時宣告當時名為「OSX」的手機系統，帶來許多開創舉動和結合有期待感又幽默的賈伯斯簡報模式，深深影響了現在的3C發表會，也讓許多人不斷重複回看，從中學習。

五、皮克斯動畫

皮克斯動畫工作室是賈伯斯的偉大成就中較少被提到的，在賈伯斯被趕出蘋果公司時，他就用一千萬美金買下了當時是《星際大戰》導演喬治盧卡斯所主導的工作室，成立了皮克斯，雖然賈伯斯本意並不是希望公司成為電腦動畫為主的工作室，不過在動畫部門不斷製作出強大的動畫短片，如《頑皮跳跳燈》、獲得奧斯卡最佳動畫短片獎的《小錫兵》和崛起關鍵的《玩具總動員》才讓賈伯斯選擇繼續相信皮克斯，沒有脫手給其他人，而皮克斯最後也以打造《玩具總動員》的3D動畫技術打破當時2D動畫的思維，這樣的成功也成為賈伯斯重返蘋果的關鍵，雖然最後賈伯斯回歸蘋果後就還是將皮克斯以換股方式賣給了迪士尼，不過現在仍然在迪士尼旗下製作出超強動畫電影的皮克斯仍是他生涯中的一段傳奇。

賈伯斯為後世帶來的影響，即使過了這麼多年仍然對人們相當受用，也不愧是他被許多人稱為「一代天才」的美名！就像他所說的「只有夠瘋狂的人才能改變世界」，希望接下來蘋果的繼任者能延續他的精神，繼續帶來劃時代的產品！

2．皮爾卡登定理

——在用人方面一加一不等於二

「皮爾卡登定理」是長居法國的意大利服裝設計大師皮爾卡登提出的，也是皮爾卡登一生中經營品牌在用人方面的心得，它告訴我們，人員合作的重要性和有效性。有效的合作可以突破數量相加的效果，就是定理中一加一不等於二且大於二的情況，無效的組合可以使所有努力歸零。合理有效的進行人才配置，才能使其發揮最大的作用。

人與人的合作不是人力的簡單相加，而是複雜和微妙得多。在人與人的合作中，假定每一個人的能力都為1，那麼10個人的合作結果有時比10大得多，有時甚至比1還要小。因為人不是靜止的物，而更像方向不同的能量，相互推動時自然事半功倍，相互抵觸時則一事無成。因此，企業必須要考慮合理的人才組合，使各成員之間互相補充協作，各取所長，充分發揮各成員的優勢，實現團隊的有效合作。

對一個管理者來說，不但要做到知人，為企業羅織到儘可能多的人才，還要善任，讓每個優秀的人才都能找到他合適的位置。只有這樣，才能使人的才能得到最大限度的發揮，使人力資源得到最佳的配置，從而產生一加一大於二的效果。

企業整體是由所有個體員工共同組成的。當領導者能夠合理安排員工的時候，企業這個整體就會快速、健康的運轉起來；反之，如果安排的不合理，員工的潛能就得不到發揮，企業效率也就難以提高。另外，在合理地安排員工的工作崗位的同時，還要注意培養員工的團隊精神，這樣企業才能得到最優的組合配置以及發揮最高的效率。

有些寺廟的大殿是這樣的，一進廟門，首先是彌勒佛，笑臉迎客，而在他的北面，則是黑口黑臉手持寶杵的護法天神韋陀。

但相傳在以前，他們並不在同一個廟裡，而是分別掌管不同的廟。

彌勒佛熱情快樂，所以來的人非常多，但他什麼都不在乎，丟三落四，沒有好好地管理賬務，所以依然入不敷出。而韋陀雖然管賬是一把好手，但成天陰著個臉，太過嚴肅，搞得人越來越少，最後香火斷絕。

佛祖在查香火的時候發現了這個問題，就將他們倆放在同一個廟裡，由彌勒佛負責公關，笑迎八方客，於是香火大旺。而韋陀鐵面無私，錙銖必較，則讓他負責財務，嚴格把關。在兩人的分工合作中，廟裡一派欣欣向榮的景象。

用人之道，最重要的是要做好不同能力人才的搭配組合。搭配不當，事倍功半；搭配得當，事半功倍。

美國著名運動生產商耐吉公司引進霍華德．斯魯謝爾的舉措，為我們提供了一個在人才搭配上一加一大於二的經典案例——

霍華德．斯魯謝爾在運動界向來名聲在外，人稱「鐵齒霍華德」或「橘子經紀」（他的頭髮是橘色的）。斯魯謝爾曾為許多著名運動員擔任代理，包括鼎鼎大名的美式橄欖球四分衛丹．法斯和身輕如燕的接球手林．斯旺。許多新興運動員經紀公司認為，霍華德．斯魯謝爾開創了現代運動員代理人的新紀元。在擔任代理人的歲月裡，斯魯謝爾最為人津津樂道的是一九七〇年，斯魯謝爾代表匹茲堡鋼鐵人隊19名隊員與以強硬出名的隊方談判。在他的努力下，球員向球隊爭取到了在合約內附加「不減薪」的子條款，而他也因此一役，被稱為「體育界最強悍」的人。

二十世紀70年代，耐吉公司已經漸漸露出了要趕超愛迪達公司，成為運動服裝界的老大的苗頭。由於市場需求的不斷擴大，耐吉公司迫切需要一個對運動有激情，懂策劃並極富談判天賦的人掌舵護航。耐吉的老闆菲爾・奈特在這些方面顯然並不擅長。他需要引進人才，而在他看來，斯魯謝爾絕對是最佳人選。在菲爾・奈特眼中，斯魯謝爾的最可貴之處在於「將討價還價的談判升華成為一種藝術」。而這正是面臨擴大市場後公關事務增多的菲爾・奈特最缺少的東西。

奈特是頗費周折後才使斯魯謝爾同意到耐吉服務的，而且斯魯謝爾還只同意到耐吉做半職的工作。斯魯謝爾說，他需要為很多人服務，而且自己也不適合全職的工作。但為了能讓斯魯謝爾為自己工作，奈特爽快地答應了。

在他們的合作生涯裡，有這樣一個故事：

有一次，斯魯謝爾被委派去談一些亞洲工廠的事情。回來後向奈特報告說他直覺認為有耐吉的人在其中兩件案子裡「撈了油水」。可奈特卻不以為然，他相信斯魯謝爾懷疑的兩人都是不錯的人。可後來的事實證明，斯魯謝爾是對的。事後，奈特頗有感慨地對友人說：「這傢伙有成千上萬種情緒，讓人捉摸不透。他極不信任別人，但正是這種不信任人的特點，使他懂得看穿所有的小動作。而這些，正是我所缺少的。」

在斯魯謝爾看來，菲爾．奈特對錢並不精明，他本來可以更富有，但他與別的運動界企業領袖不同。他熱愛運動員，也熱愛比賽。他重視運動員更甚於重視他們所屬的隊伍。而這些往往會對他造成很大的物質損失。而斯魯謝爾的精細精神，相當大程度上可以彌補他的這一點。

奈特做事善於從大處著眼，而斯魯謝爾則精於「錙銖必較」，一粗一細，構成了一個完整的耐吉的主體。在業界的眼中，斯魯謝爾成為了奈特的另一半自我，他與奈特雖然不相像，卻具有神奇的互補作用。正是這種神奇的互補作用，終於成就了耐吉的巨大成功：二十世紀70年代末80年代初，耐吉就超過了愛迪達公司，成為了世界體育用品提供企業中當之無愧的老大。

3・雷尼爾效應

——知道員工真正的需求，才能留住人才

「雷尼爾效應」來源於美國西雅圖華盛頓大學的一次風波。因為在華盛頓大學教書可以享受到這些湖光山色，所以很多教授們願意犧牲獲取更高收入的機會。他們的這種偏好，被華盛頓大學的經濟學教授們戲稱為「雷尼爾效應」。現代企業中是指以親和的文化氛圍吸引和留住人才。

美國西雅圖位於太平洋沿岸，華盛頓湖等大大小小的水域星羅棋佈，天氣晴朗時可以看到美洲最高的雪山之一雷尼爾山峰，華盛頓大學的許多教授們都出於留戀西雅圖的湖光山色，願意接受較低一點的工資，而不到其他大學去尋找更高報酬的職位，他們為了美好的景色而犧牲更高的收入機會，被華盛頓大學的教授們戲稱為

「雷尼爾效應」。

由此可見，美麗的景色也是一種無形財富，它起到了吸引和留住人才的作用。美麗的西雅圖風光可以留住吸引華盛頓大學的教授們，同樣的道理，企業也可以用「美麗的風光」來吸引和留住人才。當然，這裡所謂的「美麗風光」不僅是自然風光，更多的是良好的人際關係和健康的文化氛圍。

前面所說的「雷尼爾效應」的那一次風波，是華盛頓大學校方曾經選擇了一處地點，準備在那裡修建一座體育館。消息一傳出，立即引起了教授們的強烈反對。教授們之所以抵制校方的計畫，是因為這個擬建的體育館選定的位置是在校園內的華盛頓湖畔。一旦體育館建成，就會擋住了從教職工餐廳可以欣賞到的窗外美麗的湖光山色。

原來，與當時美國大學的平均工資水準相比，華盛頓大學教授們的工資要低二成左右。為何華盛頓大學的教授們在沒有流動障礙的前提下自願接受較低的工資呢?很多教授之所以接受華盛頓大學較低的工資，完全是出於留戀西雅圖的湖光山色。西雅圖位於北太平洋東岸，華盛頓湖等大大小小的水域星羅棋佈，天氣晴朗時可以看到美洲最高的雪山之一——雷尼爾山峰。開車出去還要可以看到一息尚存的聖海倫火山。因為在華盛頓大學教書可以享受到這些湖光山色，所以很多教授們願意犧牲獲取更高收入的機會。他們的這種偏好，就被戲稱為「雷尼爾效應」。

運用到企業管理當中，企業也可以用「美麗的風光」來吸引和留住人才。當然，這裡的「美麗的風光」是指一個良好的工作環境和企業文化氛圍。它作為一種重要的無形財富，起到了吸引和留住人才的作用。

在現代社會中，單純的薪資的量的變化不一定能提高員工的積極性，管理者要綜合考慮薪資結構的變化，包括對個人自我需求最優化的考慮，即考慮如何提高個人的舒適度、個人自我實現度。同時，要尋求薪資量的變化中的替代品，如用職位的變動來替代薪水的變化，用企業文化的認同來替代單純的薪酬變化。只有這樣，才能最大限度地吸引和留住人才。

對許多有抱負的員工而言，高薪職位只是他們前來投效的誘因，創意獲得採納，才是他們最大的成就感。如果因為理念不合，主管否決創意；或是必須層層上報，等待批示；他們往往不會像傳統員工那樣默默守候時機來臨，可能馬上遞出辭呈，另尋明主了。

思科公司的首席執行官錢伯斯剛踏出校門時，進入了電腦巨人IBM公司，成為眾人羨慕的對象。可是等他進了公司才發現，在這樣一個知名跨國企業內部，其實並沒有他當初憧憬的那樣完美。由於系統龐大，人員繁多，各種層次的管理相互交織，難免會產生官僚主義或者其他龐大組織不可避免的弊病。在這樣的公司裡，就算拿著很高的薪水，他還是感覺自己被漠視，找不到歸屬感，找不到工作的快樂。他不知道自己的工作除了錢之外，還有什麼意義。不久，他離開了IBM，褪去了名企的光環，轉而加入思科公司，開始了將事業、工作與興趣相結合的歷程。

在現代企業競爭機制下，留住人才也需要競爭。單純的加薪已經不能滿足員工的需求，不能提高他們的積極性。管理者必須考慮員工真正的興趣和閃光點在哪裡，弄清楚員工究竟想要實現怎樣的人生，關注員工在公司裡的舒適度如何。只有設身處地地瞭解員工的需求，並儘量滿足員工的合理需求，提供一個愉快的工作環境，公司才能更好地留住人才。

日本索尼PS遊戲機則是主管尊重知識工作者創意，最後主雇雙贏的例子。PS（play station）是索尼家用遊戲主機的簡稱，營業額雖然只占索尼集團的10%，但純利潤卻占全集團的三分之一。他們推出的升級版PS2遊戲機，更被市場人士譽為是繼「Windows95」後，最受全球矚目的消費類資訊產品。PS系列雖然如此風光，但是五年前剛上市時，索尼公司內部很少有人看好這個產品。原因之一是，PS的發明工程師久多良木健行事怪異，平常開會時常常自言自語，很少人知道他在講什麼，重要的公關場合，他又不在乎禮儀，這與一向注重「人和」的日本企業文化完全背道而馳。

幸虧索尼公司社長出井伸之慧眼識英雄，獨排眾議，全力支持久多良木健的創意，PS系列遊戲機才得以綻放光芒。而索尼公司也靠PS系列撐住了場面，加快了向家電王國的轉型，避免了成為IT革命下的待宰羔羊。

錢伯斯與久多良木健的不同遭遇，說明了在新的時代，對主管而言，與員工分享權力已經不是選擇之一，而是必須選擇。只有為員工提供發展的足夠空間，才能吸引並將其留住。

另外，營造一個和諧溫馨的企業文化環境也有助於吸引和留住人才。納爾遜女士是美國卡爾松旅遊公司的總裁。為了給員工營造一個舒心的工作環境，公司規定：員工每年都有為期一周的帶薪休假；對好的建議、出色的工作表現，公司會給予鼓勵；積極提倡管理者與員工之間的交流，創造和諧的溝通和工作環境。納爾遜女士堅定不移地信守諾言使她獲得了美譽，員工欣賞她的企業是因為她的企業不只是追求利潤，而且很關心自己的員工。正是通過這個方式，卡爾松旅遊公司牢牢地吸引住了人才。

現在，越來越多的企業家認識到了優秀的企業文化是公司生存的基石，是企業能否留住人才的關鍵。企業只要能始終愛護人、尊重人，承認人們的勞動和做出的成績，構建企業上下左右良好的溝通系統，並讓人才瞭解和參與企業的決策與管理，切實為他們提供各種必要的保障，營造一個「以企業為家」的歸屬感，就能很好地將人才凝聚在一起。只有這樣，才能讓員工們毫無怨言地努力與奉獻，才能從根本上穩定人心，留住人才。

4・鯰魚效應

——利用危機意識，提高生存力

「鯰魚效應」，指的是一條鯰魚喚起了其他成員的危機意識，提高競爭力。

北歐的挪威人特別喜歡吃沙丁魚，尤其是活的沙丁魚，所以，市場上活沙丁魚的價格要比死魚高出很多。於是，漁民們總是想盡辦法將沙丁魚活著運到漁港。不過，雖然經過種種努力，但大多數沙丁魚還是會在途中因窒息而死亡。奇怪的是，在所有漁船當中，有一條漁船總是能讓大部分沙丁魚活著回到漁港。可船長一直保守著秘密，所以直到船長去世後，人們才知道真相。

原來，船長將一條鯰魚放進了裝滿沙丁魚的魚槽裡。自古以來，鯰魚就是沙丁魚的天敵，當魚槽裡同時放有沙丁魚時，鯰魚出於天性會不斷地追逐沙丁魚。在鯰魚的追逐下，沙丁魚只能拚命游上游下地躲避攻擊，激發了內在活力，於是沙丁魚就活了下來，這就是「鯰魚效應」的由來。

「鯰魚效應」告訴我們，競爭可以激發人們內在的無限潛能，並迸發出超常的能量。同樣的道理在我們的學習生活中也能行得通。現代社會是一個充滿競爭的社會，而且隨著時代的迅速發展，競爭也日益激烈。一個沒有競爭意識的人是很難適應社會生活的，正因為如此，我們要培養自己積極的競爭意識，要勇於接受各種挑戰，充分發揮自己的潛能，我們的生命才會充滿生機和希望，在社會競爭中才會立於不敗之地。

二十世紀30年代，在英國的一個小鎮裡，有一個小女孩從小受到嚴格的家庭教育。她的父親經常向她灌輸一個觀點：無論做什麼事都永遠走在別人前頭，而不能落後於人、而且女孩的父親也從不允許她說「我不能」「大難了」之類的話。

也許，對於這個小女孩來說，父母的要求可能太高了，但是正是因為從小受到這種「殘酷教育」，才培養了她積極向上的決心和信心。在女孩日後的生活、學習以及工作中，她都能時時牢記父親的教導，抱著一往無前的精神和必勝的信念，儘自己最大的努力做好每一件事情，而且事事必爭一流。

在她念大學時，學校要求每位學生用五年時間修完拉丁文的全部課程，結果女孩憑著自己頑強的毅力和拼搏精神，在一年內就全部學完了。令人難以置信的是，女孩的考試成績竟然名列前茅。

女孩不僅在學業上出類拔萃，在音樂、演講、體育以及學校組織的其他活動也都一直走在前列，是學生中的佼佼者。為此，女孩所在學校的校長曾這樣評價她：「她無疑是建校以來最優秀的學生，她總是雄心勃勃，每件事情都做得很出色。」

這位女孩就是連續四屆當選為英國保守黨領袖，並於一九七九年成為英國第一位女首相，被世界政壇譽為「鐵娘子」的瑪格麗特．柴契爾夫人。

相比這位優秀的女孩，現在的很多青少年往往慵懶軟弱，沒有活力，經不起打擊，缺乏競爭力與激情，心安理得地過著沒有挑戰性的生活。然而，我們可曾想過，總有一天自己要走向競爭激烈的社會，到那時，如果我們因能力不足而被社會淘汰，恐怕只有後悔的份了。

實際上，我們不該忘記大自然的一個重要法則：「物競天擇，優勝劣汰。」每個人在剛出生時，並沒有太大的差別，並且在殘酷的現實中，我們所面對的競爭和生存壓力都是一樣的。但是隨著環境和事物的不斷變化，在我們成長的過程中，有的會變成跑得最快的「獅子」，有的則會變成跑得最慢、最易被吃掉的「羚羊」。

因此，我們要意識到，從小培養自己的競爭意識是很有必要的。所謂競爭意識是指對外界活動所做出的積極、奮發、不甘落後的心理反應，這種心理就是產生競爭行動的動力。

哈佛大學注重培養學生的競爭意識。哈佛大學的學生不僅需要具備優秀的知識，而且要經過激烈的智能競爭。即使你是部長、議員、百萬富翁或總統本人的兒子，如果不能通過專門考試或複雜的測試，那麼哈佛大學的大門也不會向你敞開。

每年只要你能成為哈佛大學的學生，便會得到一份安排縝密的學習計劃、鍛鍊表格和校內政治文化活動的安排。這裡的學生要首先弄清楚，什麼可以做，什麼不可以做，什麼是選修課，什麼是必修課，然後再根據個人特點確定整個學習期的學習計劃。起跑線已經劃定，落後的人會吃盡苦頭。沒有別的選擇，只有沿著別人鋪的鐵軌跑，而且是以「不是你自己選擇的速度飛速地奔跑」。

此外，哈佛大學每個科系每年都全淘汰十分之一的學生，因此讓每一個學生都不敢有任何的懈怠，因此哈佛大學培養出了有較強競爭意識的學生。

我們生活在一個激烈競爭的年代，誰也無法逃避競爭。從大的方面來說，國家的發展需要與世界各國競爭，市場經濟下的企業的生存發展需要競爭，個人就業提升也需要競爭。其實，今日作為學生也正處在激烈的競爭環中，班代表競選，社團負責人代表，畢業前找工作，競爭無處不在。所必須加強競爭意識，主動迎接挑戰。只有具備參與競爭的智慧和勇氣，將來才不會成為跑得最慢、最易被吃掉的「羚羊」。

「鯰魚效應」這個觀念，也經常被引用在領導者的管理領域，用於激勵屬下的活力與競爭力，因為在一個同樣模式的工作領域中，做久了就會讓人產生倦怠感，失去危機意識。所以這時管理者就必須開始挑選鯰魚了，鯰魚可由內部產生、也可由外面引進。

大企業人才濟濟，所以只要領導者有心，即可從中發現優秀的內部人才。如果是由內部產生的話，你可以透過績效考核的方式，依據下列標準來挑選適合帶頭作用的「鯰魚」：

（一）不安於現狀，具備改革的企圖心——能夠指出公司既有工作流程和制度的缺失，並提出改善方法。

（二）擁有強烈的工作熱情——這樣的人在工作時所展現出來的衝勁，會感染給別人，帶動大家更投入工作。

（三）善於解決問題——懂得找出問題癥結、跨越工作障礙的人，往往能更快推動進度，並且引起旁人的緊張感，加速完成手上的工作。

（四）樂於迎接挑戰——這種人很樂於學習與承擔責任，因而能夠激起現有成員不落人後的心理，彼此競爭設法迎頭趕上。

不過，經營者在引進鯰魚型人才時，也要注意：

一、鯰魚不一定要是空降部隊

主管在引進「鯰魚」，以激發「沙丁魚」的危機感與競爭意識時，未必要從外部空降，建議可以先從內部開始尋找，不但能夠降低對組織的衝擊，也能讓員工看到升遷管道的暢通，進一步激起努力工作的幹勁。

二、避免一次引入過多的鯰魚

鯰魚型人才不要一次引入過多，以免原有成員憂慮自己遭到撤換，反而對新人產生戒心，有礙團隊合作。要是企業已經處於引進過多「鯰魚」，引起原有「沙丁魚」的恐慌，最快的方法就是將鯰魚型人才請出團隊，但是通常會有一定的難度。你可以嘗試先暫緩「鯰魚」新提出的措施，尤其以人事方面的政策為先。再來，找團隊中資深的「沙丁魚」會談，告訴他你引進新成員的真正目的，穩定他的情緒。

三、已經鬥志高昂的團隊，不需要鯰魚

如果團隊已經充滿熱情、鬥志高昂，但是領導者還想讓他們更上一層樓，不建議運用鯰魚效應，這會讓成員認為組織不信任他們，有損團隊向心力，甚至會使某些成員萌生離職的念頭。

當團隊裡的大多數成員，因為太過熟悉工作內容、失去新鮮感而產生怠惰時，適時地引進新的優秀人才，或是改革舊制度、導入新工具，都能給予成員新的刺

激，重新點燃他們對於工作的拚勁，這就稱為「鯰魚效應」。

「鯰魚效應」意指透過引入強者，為同質性過高的組織帶來刺激，進而激發弱者變強、喚起危機意識的一種效應。就像漁夫在一桶沙丁魚中，放入一條牠們的天敵鯰魚，沙丁魚就會為了活命而不斷游動，因而能保持旺盛的生命力。「鯰魚效應」是組織進行變革時，最常用的方法之一。

5．堅信定律

——信念的魔力處方箋

「堅信定律」是當你對某件事情抱著百分之百的相信，它最後就會變成事實。這種心理超越了自信，是一種確信的心態。這是一種堅強的信念，在我們面對失敗與挫折的時候，信念就猶如心理的平衡器，它能幫助我們保持內心的平靜，並能防止我們因坎坷與挫折而偏離了正確的軌道，進入誤區、盲區。

有堅定信念的人相信自己無論決定什麼，都會實現。人如果有了信念，就有了奔赴成功的動力，美國《信念的魔力》一書中提到：「信念是原始動力，能夠產生把你引向成功的無窮力量：它往往驅使一個人創造出難以想像的奇跡。」也因此有人會說：信念是人生成功的第一要素。成功，是人人都渴望的，但是堅持不達目標不甘休的信念，以及為到達成功彼岸而付出一系列的努力，卻不是人人都能做到。首先，要有達到成功的信念，並在心靈深處堅持不懈，那麼，我們就有了良好的起始，有了來自心底的動力。

一個人不怕不成功，就怕不相信自己能成功，只要堅信，一切皆有可能。正如《聖經》上所說：「堅定不移的信心能夠移山。」而在實際生活中，有這種信心的人並不多，能夠移山的人更少。在人的內心中，光有希望是不夠的，必須把希望和信心結合起來。誰都希望登上高層，享受成功果實，但如果不具備信心，永遠無法達到成功。

如果每個人都能高呼：「我是最棒的，我一定會成功。」——那麼他就一定會成功。一個人一旦對某件事情有強烈的欲望，就一定能找到方法，在很多時候，失敗者並不是因為能力不夠，而是因為他不相信自己的能力，只要一遇到困難，就會選擇放棄。

相信自己，堅定自己的信念，每個人都會發現，那個叫「成功」的終點站，已離自己越來越近了，勝利的太陽就在你不斷邁進的雙腳下升起了。

一、堅定信念，成就夢想——在每個人身上，都有一種重要的心理「營養素」，即堅強的信念，只不過有些人的信念沒有被開發出來，或者說被屢次失敗擊潰了。但是有志者會堅信自己能夠成功，堅強的信念會給他們強大的動力。堅信定律認為，當你對某件事情抱著百分之百的相信態度時，那件事最後就變成了事實。這也是有志者事竟成的另一種表達。

二、堅定目標，決不輕言放棄——在人生的道路上，失敗是難以避免的。如果你堅信自己能夠成功，那麼你就不會畏懼失敗。如果你有害怕失敗的心態，那你註定是會失敗的。如果你有堅信的信念，在你遇到意想不到的困難時，就能堅信目標不輕言放棄。看看那些出類拔萃的為人，他們之所以取得成功，不是因為他們智力超群，而是因為有超強的意志力。

三、樂觀一點，別把事情想壞了——生活中，有些人一旦遇到了挫折和失敗，就想：「完了，完了，看樣子成功沒可能了……」然後，他會不斷聯想可能會出現的糟糕局面，陷入了無限的憂慮中。這就叫庸人自擾。事實上，這種人的境況並不那麼糟糕，只不過因為對自己沒信心，才會表現出悲觀的情緒。

在美國歷任的總統中，有一位格外受到人們的尊重，他就是布朗・德拉諾・羅斯福，美國第32任總統。就在參選前，羅斯福被診斷患上了「腿部痲痹症」。醫生對他說：「你可能合喪失行走的能力。」羅斯福並沒有被醫生的話嚇倒，反而笑呵呵地對醫生說：「我還要走路，而且我還要走進白宮。」這種堅定的自信，感染了在場的每一個人。而事實也證明，他不但走進了白宮，而且，成為美國歷史上唯一一個連任四屆的偉大的總統。

哈佛大學的羅森塔爾博士，曾在加州一所學校做了一個有名的實驗。

新學期剛開始，該校的校長就對兩位老師說：「根據過去三、四年來的教學效果顯示，你們兩位是本校最好的老師。為了獎勵你們，今年學校特地從全校挑選了一些最聰明的學生給你們教。記住，這些學生的智商比同齡的孩子都要高。」

校長熱忱地凝視著他們，再三叮嚀：「要像平常一樣教他們，不要讓孩子或家長知道他們是被特意挑選出來的。」

這兩位老師非常高興，感到自己受到了特別的對待和重視，感受到校長對自己的殷切期望和信任，從此，更加努力教學了。

他們在教學過程中，不自覺地流露出對學生的信任、熱情和期望，學生也從老師的眼神和言談舉止中，接收到這種暗示的資訊，感到自己就是與眾不同的，就是天才，就是智商高，最主要的是感到了老師的期待。

結果：一年之後，這兩個班級的學生成績是全校中最優秀的，甚至比其他班學生的分數值高出好幾倍。

知道結果後，校長不好意思地告訴這兩位教師真相：其實，他們所教的這些學生智商並不比別的學生高。這兩位老師哪裡會料到事情是這樣的，只得慶幸是自己教得好了。

隨後，校長又告訴他們另一個真相：他們兩個也不是本校最好的教師，而是在教師中隨機抽出來的。正是學校對老師的期待，老師對學生的期待，才使老師和學生都產生了一種努力改變自我、完善自我的進步動力。

這種企盼將美好的願望變成現實的心理表明：每一個人都有可能成功，但是能不能成功，取決於周圍的人能不能像對待成功人士那樣愛他、期望他、教育他。

當我們希望別人成為我們希望的人時，就應該給他傳遞積極的資訊，告訴他可以成為這樣的人。作為老師和家長，如果希望孩子變得更好，就要儘量鼓勵他們，誇獎他們，告訴他們行。在你的熱切期待中，他們能發生翻天覆地的變化——這就是信念產生的變化。

有一本暢銷書，叫《信念的魔力》，這本書的作者克萊德．M．布里斯托在書上寫道：「信念是魔術，只要打從心底相信，不管什麼願望都可以達成！」

例如，第一次世界大戰後，布里斯托以不屬於任何一連的非正規軍的身分登陸法國。當時有很長的一段時間領不到軍餉，連買口香糖或香菸的錢都沒有，這讓布里斯托深深地體會到金錢的重要。

從那以後，他在心底發誓退伍後要賺很多錢。果然，在他退伍後，正如他的決心那樣，他如願成為大富翁。另外，他也引用英國著名的醫學家A．克隆博士所說的一段話，說明只要打從心底堅信，人失去的手腳甚至也可能再長出來。

克隆博士所說的那段話如下：「螃蟹的螯可以再生，人類失去的腳也並非不能再長出來。失去的腳不能再長出來，是因為人的心中任意地認為那種事是不可能的。只要去除那種心理，腳也可以再長出來。」

這是非常古怪的說法，無法讓人馬上接受。但打從心底堅信，亦即擁有信念，有時可以發揮莫大的力量，使人生的命運改觀。

例如，你平常就認為——

「我不管做什麼事都做不好。」

「我的運氣不佳。」

「反正就是不行。」

「我無法勝過他。」

「世上根本沒有上帝，也沒有神佛。」等等。

那麼，你很「幸運」，你的人生多半會按照你的想法——一輩子只能平平庸庸地度過。

但相反的，如果你平常就認為——

「我是個運氣非常好的人！」

「我絕對做得到！」

「不管有多大的苦難，我都不會屈服！」

「上帝（神）經常守護著我！」

而且打從心底相信，甚至能夠提升至「信念」的程度，那你一定司以成為人生的勝利者、成功者。

6．搭便車效應

——在團隊中的投機心理

「搭便車效應」是指：在團隊裡面，某個成員為了團隊的利益所作的努力，而這分努力能讓集團內所的獲有可能得益，但其實是由這個人的努力。由於團隊的利益是由組成集團的每個成員的需求和動機決定的。因此，每個集團成員只有聯手努力才能獲得共同利益。如果有人沒有為此而努力，而另外人付出了努力，那麼這就會抑制集團成員為集團而努力的動力；如果集團內每個成員都共同努力，則個人的付出就會減少。

產生「搭便車效應」的原因很多，首先是異質分組客觀上使學生的動機、態度和個性有差異；其次許多學生沒有完成合作技巧的培訓，對於合作學習評價的「平均主義」，即只看集體成績不考慮個人成績的做法，採取消極應對的辦法。在合作學習中雖然全體小組成員客觀上存在著共同的利益，但是從社會心理學的角度看，卻容易形成「搭便車」的心理預期，個別學生活動時缺乏主動性或乾脆袖手旁觀，坐享其成；也有的學生表面上看參與了活動，實際上卻不動腦筋，不集中精力，活動中沒有發揮應有的作用等「搭便車」現象。產生「搭便車效應」的原因很多，首先是異質分組客觀上使學生的動機、態度和個性有差異，其次許多學生沒有完成合作技巧的培訓，對於合作學習的評價的「平均主義」，即只看集體成績不考慮個人成績的做法等。如果合作小組的規模較小，由於每個小組成員的努力，對整個小組都有較大影響，所以在合作學習中，建議四至六人為一小組。當然還有許多事情可以做，比如要營造一種愉快的合作學習環境；要明確任務與責任，合理分工；指導合作的技巧，督促學生完成任務；獎勵機制上，要破除「平均主義」的做法。

創業者在創業初期很容易走一些彎路，雖然有著滿腔的激情和切實的幹勁，但也常常因為激情支配下的行動而使創業受阻。比如，創業管理中的「搭便車效應」。很多創業者在創業初期管理團隊的時候，為了增強團隊的集體榮譽感，也為了更好的激發團隊的合作精神，會作出一些把所有員工捆綁在一起的決策。比如，為了提高公司的銷售額，公司規定，如果公司銷售總額上漲10%，那麼每個人將得到10元的獎勵；如果銷售額下降10%，每個人將會扣掉10元。這個決策的出發點相當好，如果每個員工都足夠的努力、每個員工都把公司的成長當成自己的成長、每個員工都有足夠的責任感，那麼，這是一個完美的決定，它帶來的經濟效益是不可估量的，於公司的長遠發展也意義深遠。

但是假如出現了這麼一個人，他覺得自己的可以不用努力，只要享受大家的努力就可以了，那麼，這個計劃就將泡湯。人的心理作用是很微妙的，這麼一個人的存在將會帶來更多人的效仿，結果是大家共同「享受」銷售額下降的結果。所以，要解決這個問題，創業者在管理中還需要多花費些時間。減少利益團體成員的數量，儘量針對每個員工個體實施獎懲措施。把個體的獎懲和團體的獎懲結合起來，以便為公司創造更多的利益。

另外，一般的這種現象的產生是因為工作的分配不明確，只要把工作的分配做得更加的明確的話，就可以多少的避免掉一些這樣的問題。

有一個國王為了顯示自己的威信，決定在自己生日那天讓全部子民同一時刻高呼：「陛下萬歲」。他把時間定在了正午時刻。子民們也十分期望這一刻的到來，因為他們就能聽到世界最大的聲音。有一位智者發現了這樣一個問題：如果自己也呼喊的話，聽到別人聲音的效果將大打折扣。於是他決定在呼喊的時候保持沉默，只是靜靜地聽別人呼喊。他把這個發現告訴了自己最親密的人，想讓他也能享受到此種樂趣。結果，不到半天時間，這個消息傳遍了整個國家。正午時刻到了，大家翹首盼望著最大聲音的到來，但是回應的卻是比平時更安靜的沉默。

故事中的臣民是一個利益的整體，只有他們共同努力才能創造出世界上最大的聲音。但是許多人同時懷有了這樣的思想：這麼多的人不缺我一個啊，我不呼喊其他人呼喊聲音仍然很大。大家就懷有了這樣的想法，最終就導致了一片沉默。

這是一個最具有幽默性的結局，但這顯然不是最悲慘的結局。國王聽到了這個聲音，也許很不滿意，那麼他可能會處罰所有的國民，那麼，這對那些呼喊了的人是極其不公平的。他們呼喊了，但是他們還得承擔沒有呼喊人的罪過，這樣，將會影響到他們下次呼喊的積極性；而沒有呼喊者，他們的懲罰被呼喊者分擔以後變得輕了很多，他們會把這當成一種僥倖，甚至形成一種習慣。這樣，國王再想聽到世界上最大的聲音基本上不可能了。

搭便車效應的危害非常大的，在合作學習過程中，如果更多地強調「合作規則」而忽視小組成員的個人需求，可能會使每個人都希望由別人承擔風險，自己坐享其成，這會抑制小組成員為小組的利益而努力的動力。而且「搭便車」心理可能會削弱整個合作小組的創新能力、凝聚力、積極性等。心理學研究表明：如果合作小組的規模較小，由於每個小組成員的努力對整個小組都有較大影響，其個人的努力與獎勵的不對稱性相對較小，會使「搭便車效應」明顯減弱；而且縮小規模的另外一個作用就是社會惰化現象會削弱，能夠取得較高的合作效率和成果。

第三章

踏入社會不能不懂的定律

I．蘑菇定律

——新鮮人成長必經的過程

「蘑菇定律」是指初涉入社會的新鮮人，常常會被置於陰暗的角落，不受重視或打雜跑腿，就像蘑菇培育一樣還要被施肥，接受各種無端的批評、指責、代人受過，得不到必要的指導和提攜，處於自生自滅過程中。蘑菇生長必須經歷這樣一個過程，人的成長也肯定會經歷這樣一個過程。這就是「蘑菇定律」也叫做「萌發定律」。

「蘑菇定律」的說法，是二十世紀70年代由國外的一批年輕電腦程式師總結出來的。它的原意是：長在陰暗角落的蘑菇因為得不到陽光又沒有肥料，常面臨著自生自滅的狀況，只有長到足夠高、足夠壯的時候，才被人們關注，可事實上，此時它們已經能夠獨自接受陽光雨露了。

任何人，在成長過程中，都注定會經歷不同的苦難、崎嶇，被苦難、崎嶇擊倒的人，就必須忍受生活的平庸，戰勝苦難、崎嶇的人，則能突出重圍，擁抱卓越。

「蘑菇原理」被提出的時候，正處在電腦行業的開端，所以從事電腦程式研發的人員並不被人們理解和重視，甚至被其他行業的人質疑他們工作的認真度。於是，這些年輕的電腦程式師這樣激勵自己：要像蘑菇一樣默默地成長。

言外之意，即是對自己的工作充滿信心，他們相信自己終究有一天會像蘑菇一樣，出人頭地，擁有鮮花和掌聲。充滿自嘲意味的蘑菇方法，其實是任何一個行走在人生這條大路上的人必須具備的品質。

所以「蘑菇定律」，通常指許多組織對待初出茅廬者的一種管理方法。剛參加工作者往往會處於這樣的境地：被置於陰暗的角落（不受重視的部門、或打雜的工作），到頭來還要澆上一頭米田共的大糞肥料（無端的批評、指責、代人受過），並且還得不到必要的指導和提攜。

管理學中的「蘑菇定律」是指非常適用於組織對待職場新人的一種管理方法。職場新人被分配到不受重視的部門，或被安排做打雜跑腿的工作，像他們自己所說的「吃的是雜糧、幹的是雜活、做的是雜人」，而且經常代人受過，受到無端的批評、指責，缺少對他們必要的重視、指導和提攜。

眾所周知，在西方的那些世界級大公司裡，管理人員都要從基層小事做起，就連老闆自己的兒子要接班也得從基層做起，主要是出於以下幾點考慮：從基層幹起，才能瞭解企業的生產經營的整體運作，日後工作中方能更得心應手；從基層幹起有利於積累經驗、誠信和人氣，這是成功相當重要的不可缺少的要素；從基層幹起，可讓員工經受艱苦的磨礪和考驗，體驗不同崗位乃至於人生奮鬥的艱辛，更加懂得珍惜，企業也便於從中發現人才、培養人才、重視人才，所以說「蘑菇」的經歷對年輕人來說是成長必經的一步。

「蘑菇定律」對於新鮮人，也起了以下正面意義：

一、**消除不切實際的幻想**——很多年輕人走出校園時，認為自己一開始工作就應該得到重用。但由於缺乏工作經驗，也缺乏擔當重任的能力，只有經過一段時間的磨練，消除不現實的幻想，才能慢慢成長起來。

二、**加速適應社會**——要想在商場競爭中遊刃有餘，不僅需要有過硬的專業技術，還必須學會各種社交能力。那些業務能力強、工作態度積極的人，都有某些共同的行為標準和思考模式。而職場新人能否適應商場中的行為模式和遊戲規則，往往決定於在最初一段時間的「蘑菇進程」，因而「蘑菇經歷」能加速職場新人適應社會。

三、避免沾沾自喜——對於「菜鳥」來說，在做完工作、取得成績之後，總是希望上司肯定和同事的讚揚，事實上，並不是每一點成績都會被別人看在眼裡，因此，要避免沾沾自喜的心態，腳踏實地，一步一個腳印，才能取得更大的成績。

有的企業雖然小或者工作環境艱苦，但是艱苦的工作環境更會鍛煉人，更會考驗人，也更善於啟用新人。在這樣的企業，新人更容易脫穎而出。如果你不想在「陰暗」的角落裡被埋沒太久，這樣的企業是一個好去處。畢業生一旦走向社會，才發現夢想與現實總是存在很大的距離。當你到了一個並不滿意的公司，或者被分配在某個不理想的崗位，做著也許還很沒勁甚至很無聊的工作時，肯定會產生前途茫然的感覺，如果收入又不理想，你肯定會鬱悶萬分，此時實際上就是蘑菇定律在考驗你的適應能力。請記住這句忠告：要想改變環境，必須先適應環境。

「蘑菇」怎樣儘快成長？關鍵是在融入一個團隊，從團隊中獲得盡可能多的營養和支持，以儘快地鑽出地面。

凡有組織，就離不開人際關係。儘管現在是一個「契約社會」，但是，如果把各種關係都建立在白紙黑字的契約上，毫無通融餘地，則會被認為是冷酷無情。事實上，人與人之間如果沒有信賴關係，工作是一步也沒辦法進行的。我們常會需要借助別人的力量，而這種互相信任的關係則是不分組織內外的。

在組織內，最重要的是先把自己辦公室的人際關係搞好。辦公室的工作方式是以團體主義為主的。每個人不但要堅守自己的崗位，更要互助合作，互補長短。如果辦公室的向心力很強，大家就會願意為所有的同伴努力。如果小團體的每個成員都有深厚的凝聚力，那麼溫馨的人際關係就形成了。

人類是一種群居的動物，自然要有群體歸屬感。如果和群體相同時，我們本能上就會覺得放心，萬一和群體不同時，就會產生不安的感覺。有人認為對通過穿制服來強調「團體性」不以為然，但實際上，公司的制服對內對外都有一種約束力，還有一份榮譽感。所以，到公司上班就得按公司的規定，融入團隊的文化之中。

禮貌是同樣重要的。無論哪一個公司都會對新進人員實施商業禮貌的講習課

程。在剛進公司時，要注意學習對待顧客的方式、交換名片、自我介紹的方法，接電話、打電話和交談的方式等應對的禮貌。這些都是基本的企業規範，觸犯它們不但會讓你成為眾人側目的異類，也可能給組織帶來不必要的困擾。

在我們被看成「蘑菇」時，一味強調自己是「靈芝」並沒有用，利用環境儘快成長才是最重要的。當你真的從蘑菇堆裡脫穎而出時，人們就會認可你的價值。

因此，我們也概括做了以下的建議：

一、**埋頭苦幹**——剛剛踏入社會的職場新人，往往抱有不切實際的幻想，期望著擁有一份挑戰與樂趣並存、薪酬豐厚的職業，而事實上，初涉職場的年輕人由於缺少經驗、缺少對公司的理念文化的瞭解，很難委以重任，當期望與現實發生矛盾時，便又往往喪失信心、失去對工作的熱情，工作時容易採取敷衍了事應付的態度，因此，職場新人應調整心態，老老實實做人，踏踏實實做事，這對於他們走出職業生涯的那段蘑菇期是最基本的。

二、**良好心態**——經過十幾年的寒窗苦讀，經過一輪又一輪的人才招聘會和鬥志鬥勇的層層面試，職場新人終於熬出了頭，找到了一份工作，帶著無限美好的憧憬準備大顯身手。走向社會，自我感覺良好，應該是所謂的「人才」，然而被分配做「苦力」的現實卻給了他們當頭一棒，以至於產生了到底是人才還是苦力的疑惑。其實職場與人生道理是一樣的，低起高謀，分步到位，方能成就大事。成功是每個人追求的目標，但要避免急功近利。每個成功者的背後都有一番辛酸的故事，都有著痛苦的磨難和經歷。在職場生涯的蘑菇期，心態的調整顯得尤為必要，要不斷調整自己，保持耐心、細心、專心，樂觀自信地對待工作和生活。

三、適應環境——從學生到職場新人，從較單純的學校走向紛繁複雜的社會，最重要的是適應性問題。學生有學生的行為標準和思考模式，職場人有職場人的行為標準和思考模式，兩者是完全不同的。因此，要沉下心來，學會獨立思考，獨立行事，學會承受和忍耐，少說多做，努力適應工作環境，適應社會。激情是不能磨滅的，但忍耐和等待比衝動和激情更重要。既有激情又能忍耐說明這個人是成熟的，只有激情就容易衝動。適應環境。當你到了一個並不滿意的公司，或者被分配在某個不理想的崗位，做著無聊的工作時，要學會適應。這是因為，要想改變環境，前提便是先適應環境。

四、從小事做起——初涉職場的年輕人是一張白紙，能力和經驗沒有太大的區別，他們不能深刻地瞭解組織的文化理念，一般不會被委以重任，往往是做些瑣碎的工作，但不能因為事小就不認真對待，敷衍了事。如果連小事都做不好，誰敢把大事交給你呢？一屋不掃，何以掃天下？因此，「無論做什麼事情，都應該盡心盡力，一絲不苟，因為究竟什麼才是大局，什麼才是最重要的，這一點其實我們並不清楚。也許，在我們眼裡微不足道的細節，實際上卻可能是生死攸關。」

五、累積人脈——作為職場新人，你不瞭解組織的情況，應該多做小事，管住嘴巴，少點闊論，多傾聽同事們的心聲，避免轉入是非圈，同時要奉行內方外圓的為人處事之道，內方即誠實、守信、謙虛，外圓即做事要講究方法、技巧、藝術，積累足夠的人脈，須知人緣也是生產力。今天的努力會在明天收穫豐碩的果實，良好的人際關係是人格魅力的展現，是實力積累的表現，也是積蓄資源的最好方式。

六、不斷學習——勿庸諱言，職場新人都擁有一張不錯的學歷文憑，但學歷應該是學習能力的彙集，加之職場新人從學校走向社會，要學的東西很多，所以畢業以後千萬別停止進修學習，使自己處於不斷的學習、充電之中，這也是個人能力的一種遞增。要想在職場脫穎而出除了累積實力之外，更重要的是必須擁有多張專業認證執照，這樣才能快速升遷或順利轉職。

七、勇於表現——誠然，從一點一滴的小事做起，從別人不願幹的工作做起，埋頭苦幹，不斷學習，發展能力這是最基本的，但如果說單靠辛勤工作、埋頭苦幹就能在職場上出人頭地，那就有點無知了。一個聰明的人不僅要善於做事，還要「善於表現」，尋找機會讓自己迅速脫穎而出。

八、主動請示——職場新人要養成及時請示彙報的習慣，同時要注意運用得體的方式方法，特別是要注意如實彙報在工作中取得的成績，這樣就能夠給單位上下留下尊重上司和同事、工作效率高、踏實可靠的良好形象。

九、勇敢發言——開會前，就你要做的會議發言進行周密的計畫準備，把可能遇到的問題及解決的對策列出來，盡可能做到言之有物，有理有據。開會時大聲清晰地陳述你的意見，並注意用誠懇的眼神和上司與同事交流，讓他們注意到自己。認真對待你現在所從事的工作，並全力以赴地做好它，這是一切事業的開始，同時為以後打下堅實的基礎。

十、面對變化——當今世界，唯一不變的就是變化。變化的社會、變化的環境需要我們適時改變戰略、策略，以適應環境的變化發展，而面對環境的這種持續不斷的變化，這種不確定性的難以把握，需要我們敢於冒險、勇於冒險。這種冒險體現了勇於創新、敢於挑戰自我的精神，這種精神也正是組織發展壯大的不竭動力。很多人在「蘑菇經歷」時最容易產生的念頭，就是放棄。但是，真正的成功，屬於堅持不懈的人。只有認準目標，不斷堅持，在「蘑菇經歷」中積累一些可貴的經驗和素質，才能為以後的「厚積薄發」作好鋪墊。

在沒有成功之前，往往會遭遇歧視、侮辱等不公平的對待，不要停留在對這些問題的糾纏上。明智的做法是，自強自立，不斷增強自身實力，以實際行動來證實自己的價值。

總之，職場新人只有同時提高認識社會和認識自我的能力，認真地對待每一件小事，力爭把每一件小事都做好，並以樂觀、自信、向上的心態去面對你的組織、上司和同事，儘快適應職場環境，並找到適合自己的職業規劃，你才能高效順利地走出職業發展的「蘑菇期」，事業發展的春天才能真正來臨。

「蘑菇經歷」，雖然給當事人帶來壓力和痛苦，甚至還有可能促使一些人走上職業的歧途，但也有人走出了這個艱難時期，迎來了成功。英國有一位中年女性，在事業最黯淡時，拿起了筆開始寫作，結果成為當今世界最著名的作家之一。你知道她是誰嗎？她就是J．K．羅琳——享譽世界的《哈利．波特》的作者。

如果你當「蘑菇」的時間過長，你就可能成為眾人眼中的無能者。所以在公司裡，一定要善於表現自己，才有機會脫穎而出。要充分利用公司會議發表意見；主動亮出你的成績；坦然面對變化；敢於冒險；儘量避免承擔那些你不能直接控制的工作，養成及時彙報的習慣等等。

如果一個人當了太長時間的「蘑菇」，就應該對自己和自己的工作進行重新定位了。世界上沒有全能奇才，你充其量只能在一兩個方面取得成功。你只能聚集全身的能量，朝著最適合你的方向，專注地投入，才能成就一個優秀的你。人們知道必須把不同個性的人放在最合適的崗位，才能發揮出最大的潛能。

那麼怎樣才能讓自己經歷的蘑菇期縮短呢？這就要求你在工作和生活中不要口若懸河、狂妄自傲、目中無人，也不要自我膨脹、心高氣傲，你要準確地定位自己，找到屬於自己的道路，持之以恆、堅持不懈地努力，善於表現自己，尋找脫穎而出的機會。

無論多麼優秀的人才，初次做任何事情的時候，都會有蘑菇般的經歷。不同的是經歷的時間長短不一樣。經歷時間長的人，可能暫時性的會被人認為是無能者，

經歷時間短的人，則往往會被冠以優秀的頭銜。

惠普公司前執行長卡莉．費奧瑞娜從史丹福大學法學院畢業後，做的第一份工作是一家地產公司的電話接線員，每天的工作就是打字、複印、收發文件、整理文件等雜活。雖然父母和親戚朋友對她的工作感到不滿，認為一個史丹福大學的畢業生不應該做這些，但她沒有任何怨言，繼續邊努力工作邊學習。一天，公司的經紀人問她能否幫忙寫點文稿，她點了點頭。正是這次撰寫文稿的機會，改變了她的一生，她後來發展成為惠普公司的執行長。

每個人都希望生活如沐春風、如魚得水；每個人都渴望得到老闆、領導的賞識和重用；每個人都嚮往事業高升、飛黃騰達但沒有誰會白白的送給你這一切，只有用你的忍辱負重和堅韌不屈去贏取。

這段忍辱負重的經歷就像蠶繭，是孵化前必須經歷的一步，也只有那些能夠忍受這一切的人才能得到陽光普照的機會。就拿模特這個職業而言，當她們光鮮亮麗、璀璨奪目地站在T型舞臺上時，人們讚賞她們的美麗，但她們背後付出了多少艱辛，又有誰知道。

「蘑菇經歷」是事業上最為漫長的磨煉，也是最痛苦的磨煉之一，它對人生價值的體現起到至關重要的作用。經過這個階段的磨煉，你就會熟練地掌握到當前從事工種的操作技能，提升一些為人處世的能力，以及挑戰挫折、失敗的意志，這也是最重要的。諸多能力的具備，為你將來職業的順利發展鋪平了道路。

從這個意義上來說，「蘑菇經歷」是人生的一筆寶貴的財富。職業道路上的磨煉，不是舞臺上的演出，不僅需要進入角色，還要承受現實生活的種種不幸，經歷事業上屢挫屢敗的痛苦。事業中總有種種不如意，但一個意志堅強的人，卻能將逆境變成順境，能在挫折中找到轉機。相反，有許多人，因為缺少生活的磨煉，一旦遭遇突如其來的挫折或不幸，一次輸給了自己，就永遠地輸給了自己。所以說，一帆風順的人很難取得超常的成就。

2・盧維斯定理

——謙虛應該掌握好分寸

「盧維斯定理」是美國心理學家H・盧維斯提出的。

他認為：「謙虛不是把自己想得很糟，而是完全不想自己。如果把自己想得太好，就很容易將別人想得很糟。」換言之：知道就是知道，不知道就是不知道，做人要有「實事求是」的精神。

鷹王和鷹后從遙遠的地方飛到遠離人類的森林。它們打算在密林深處定居下來，於是就挑選了一棵又高又大、枝繁葉茂的橡樹，在最高的一根樹枝上開始築巢，準備夏天在這兒孵養後代。

鼴鼠聽到這個消息。大著膽子向鷹王提出警告：「這棵橡樹可不是安全的住所，它的根幾乎爛光了，隨時都有倒掉的危險。你們最好不要在這兒築巢。」

嘿，這真是咄咄怪事！老鷹還需要鼴鼠來提醒？你們這些躲在洞裡的傢伙，難道能否認老鷹的眼睛是銳利的嗎？鼴鼠是什麼東西，竟然膽敢跑出來干涉鳥大王的事情？

鷹王根本瞧不起鼴鼠，當然也不理會它的勸告，立刻動手築巢，並且當天就把全家搬了進去。不久，鷹后孵出了一窩可愛的小傢伙。

一天早晨，正當太陽升起來的時候，外出打獵的鷹王帶著豐盛的早餐飛回家來。然而，那棵橡樹已經倒掉了，它的鷹后和子女都已經摔死了。

看見眼前的情景，鷹王悲痛不已，它放聲大哭道：「我多麼不幸啊！我把最好的忠告當成了耳邊風，所以，命運就對我給予這樣嚴厲的懲罰。我從來不曾料到，一隻鼴鼠的警告竟會是這樣準確，真是怪事！真是怪事！」

「輕視從下面來的忠告是愚蠢的，」謙恭的鼴鼠說：「你想一想，我就在地底下打洞，和樹根十分接近，樹根是好是壞，有誰還會比我知道得更清楚的呢？」

孔子是我國古代著名的大思想家、教育家，學識淵博，但從不自滿。他周游列國時，在去晉國的路上，遇見一個七歲的孩子攔路，要他回答兩個問題才讓路。其一是：鵝的叫聲為什麼大。孔子答道：鵝的脖子長，所以叫聲大。孩子說：青蛙的脖子很短，為什麼叫聲也很大呢？孔子無言以對。他慚愧地對學生說，我不如他，他可以做我的老師啊！

即使是聖人，在他專長的領域之外，也要保持謙虛的心態，做人不一定要把自己放在最低的位置，但在有「自知之明」的務實心態。

管理不是一門只有天才才能掌握的學問，而是我們每一個普通人，每一個不完美，每一個充滿這樣那樣缺點的人，都能掌握的學問。

用管理學大師杜拉克的話來說：「如果一個組織需要天才或超人管理的話，那麼它就不可能生存下去。一個組織必須有這樣一個形式：在一個由普通人組成的領導集體領導下能夠正常地運行。」

管理者要善於聽取最基層員工的意見，要謙虛為懷，多方調節好心態，多信任下屬，掌握實事求是的思想路線，用聯繫的全面的觀點看待一切。溝通是合作的基礎。管理者必須懂得運用溝通的方法，保證來自同事和下級的最大限度的合作。拒絕溝通，也就意味著拒絕與別人的合作。

在企業管理中，善於與人溝通的人，一定是善於與人合作的人；不善於與人溝通的人，也一定是不善於與人合作的人。善於與人溝通的管理者，能用誠意換取下屬的支持與信任，即使管理過於嚴厲，下屬也會諒解而認真地執行；不善於與人溝通的管理者，即使命令再三，下屬也不願意接受，其結果必然怠慢工作。

奧田碩是豐田公司第一位非豐田家族成員的總裁，在長期的職業生涯中，奧田碩贏得了公司員工的愛戴。他有三分之一的時間在豐田城裡度過，經常和公司裡的一萬多名工程師聊天，聊最近的工作，聊生活中的困難。另有三分之一時間用來走訪五千名經銷商，聽取他們的意見。一個企業要保持領先的地位，最關鍵的是要使員工的整體素質保持領先。

「盧維斯定理」在實際生活中的運用：

一、**謙虛，是以一種平和冷靜的心態認識自己的不足**——並不是要把自己考慮成糟糕的代言人，不妄自菲薄，遇到事情的時候，如果對此事十分了解，那就可以就事論事解決問題，不懷疑自己，大膽地提出自己的觀點，大膽地採取自己的措施，即便是所處理事情有所磕絆，也要忘記失敗，很多時候也是很正常的事物的發展歷程。

二、不妄自尊大——不居高臨下，經常以一種公平公正的心態、平等互信的態度面對他人，不失客觀，沒有偏頗，遇到事情的時候，如果對此事不了解，那就大膽地承認，以一種學習成長的心態看待周圍的人和事，即便是有些事可能會讓自己難堪，要知道知識的豐富程度，不是每個人都掌握了全部的，有不知道的事情很正常，沒必要臉皮兒太薄。

另外，盧維斯定理在日常工作和生活中還是有很多地方值得借鑑和實踐的。

第一，正確認識自身價值，也就是能給自己一個比較清晰的定位。工作當中，自己的優勢是什麼？自己的劣勢是什麼？哪些事情是在自己的掌控範圍之內？哪些事請需要團隊的協作和配合？

第二，盡情發揮自己的專長，讓它能在自己的辛勤培育澆灌之下落地生根、開花結果，以專長之技幹專業之事，而且把主要精力放在專業的研究上面，在這件事情上，需要的是專業精神而不是個人性格情緒，達到「完全不想自己」的境界。

第三，要懂得知識是無邊無界的，一個人的能力、精力也是有限的，要知道其他每一個人的長處，以及能為工作管理組織帶來的效益。不管是在生活或者工作當中，別人的意見或者忠告一定要學會傾聽，不能嗤之以鼻，傾聽建議並根據實際情況進行重新編碼，形成符合實際情況的管理方法。

第四，不管是工作還是生活，要加強溝通，掌握正確溝通的方式方法。溝通是一門很深遠、很廣泛、很豐富的學問，但是卻是很有效的相互串聯的手段。

第五，擁有謙虛的氣質並不代表退縮，需要保持積極創新的心態和思想，不停止探索的步伐和勇氣。謙虛是一種美德，要懂得如何運用，運用得當則會事半功倍，運用不當則會適得其反！

3・費斯諾定理

——人有兩隻耳朵卻只有一張嘴巴，這意味著人應該多聽少講

「人兩隻耳朵卻只有一張嘴巴，這意味著人應該多聽少講。」這句話是由英國聯合航空公司總裁兼總經理費斯諾所提出的，他認為管理者說得太多，反而會變成執行的障礙。

國王收到了三個一模一樣的金人，但進貢人要求國王回答問題：三個金人哪個最有價值？無論是稱重量還是看做工，都是一模一樣。最後，一位老臣拿著三根稻草，插入第一個金人耳朵裡，稻草從另一邊耳朵出來。第二個金人的稻草從嘴巴裡掉出來。第三個金人的稻草掉進肚子裡。老臣說：第三個金人最有價值！使者默默無語，答案正確。善於傾聽，才是最有價值，是成熟的人應具備的基本素質。

英國聯合航空公司總裁L．費斯諾歸納類似的現象說，人兩隻耳朵卻只有一張嘴巴，這意味著人應多聽少講。

善於傾聽別人的意見，既是對他人的尊敬，又贏得他人對自己的尊敬。同時，不同的意見又有益於自身的改進。費斯諾定理的核心意義就是傾聽，傾聽既是一種獲得有效資訊的途徑，又是一種有效溝通的方法，也是對員工或是領導的一種尊重，有效的傾聽可以輔助做好本職工作，並且可以完成建立有效傾聽的基礎上的創新。人們無論是在生活，還是在工作中，無時無刻的都在接受傾聽，那麼如何做好與做到有效傾聽，無論在工作還是對個人的職業發展都有相當有好處的。

費斯諾定理及傾聽的意義，認為有以下四點：

一、**掌握相互資訊**——資訊是決策基礎，資訊不清楚是無法獲得正確決策的。傾聽是獲取資訊的方法，只有認真的傾聽，才會獲得準確的資訊；許多準確的資訊可為準確的決策提供依據的。

二、**建立相互信任**——傾聽是獲取相互信任的重要手段。俗話說：話不投機半

句多。通過認真真誠的傾聽，讓傾述的對方打開話匣子，逐步把心裡話說出來，說明了對你的信任和期望。

三、加強相互溝通——傾聽是相互溝通的前提，想和對方溝通，就要先讓對方把話講完。想通過說教是達不到溝通的目的的，而認真地傾聽會在不知不覺中拉近了雙方的距離，達到了溝通的目的。

四、化解相互矛盾——傾聽是和解的開始，讓對方把不滿的話講出來，即吐出了心中窩著的火，又在你認真地傾聽中找到心理的平衡，你還可以從對方的話語中找到矛盾的根結所在，為化解矛盾打下了基礎。

如何做好傾聽？這也是一門深奧的藝術，所以必須注意以下這幾個建議：

（1）**真誠傾聽**——既要帶著「心」傾聽。傾聽是一定要真誠，這才能實現通過傾聽，達到相互溝通的目的。若你一時還對對方存有誤解，心態還沒調整過來，就先不要開始交流和傾聽。一定要把心態調整好後，抱有真誠的態度全身心的來傾聽，才會達到傾聽的效果。

（2）**思考傾聽**——既要帶著「腦」傾聽。光帶著耳朵來聽是不行的，還要帶著頭腦邊傾聽邊琢磨：他講的是什麼問題？要達到什麼效果？對我有什麼幫助？我應該如何回答？在傾聽時要思考，要分析，要判斷，要做答。

（3）**關注傾聽**——既要帶著「愛」傾聽。傾聽中沒有愛，沒有對人的關心和理解，坐在那裡，再認真地聽也是流於形式。只要帶著愛的真心關注，才會達到傾聽的效果和目的。

（4）**主動傾聽**——既要帶著「熱忱」傾聽。特別是對自己的下屬，對自己的員工，一定要帶著滿腔熱情主動地聯繫他們，傾聽他們的想法和意見，為改進自己的工作，與員工形成共鳴，達到齊心協力共同做好工作的目的。定期主動傾聽員工的意見與建議，應在公司中形成一項長期的制度。

（5）**交流傾聽**——既要帶著「理解」傾聽。人際交往中離不開語言的交流，與員工交流中離不開傾聽。不光要求能夠聽客戶的心聲，還要傾聽供應商、競爭對手的呼聲，這樣才能達到知己知彼，實現供應的目的。

（6）**全面傾聽**——既要帶著「公正」傾聽。既要聽好的一面，正面的呼聲。更要聽反面意見；既要聽上司、同事的意見，更要聽員工的呼聲。傾聽要做到縱向到底，橫向到邊，全方位的傾聽是準確決策的基礎。

（7）**虛心傾聽**——既要帶著「學習」傾聽。傾聽能使你獲得了新的資訊，瞭解了新的情況，擴寬了你的視野，獲取了新的知識。這些，只有你虛心傾聽才會做到。所以，傾聽時一定要把自己這個「瓶子」裡的水倒乾淨，只有虛心才會裝進新的內容，取得新的收穫。

（8）**停止傾聽**——既要帶著「手」傾聽。當聽清楚傾述對性的述說和目的後，可及時地停止傾聽，張嘴說話了。一、是要重複傾述者講的主要內容，既說明了認真的傾聽了，記住了；二、是在自己職權範圍類的、能夠當場答覆的可當場做答；三、是一時不能回答的要告知，並積極向上級彙報，儘早答覆。絕不能傾聽後無下文了，那你就會失信於民了。

總之，傾聽是上司及人際交往中的一門藝術，在職場和人生中都很重要。學會有效的傾聽會助你在人生和事業中取得成功的！

領導者在指導屬下時，往往會流於侃侃而談的「訓話」。其實，說得過多了，說的就會成為做的障礙。在企業內部，傾聽是管理者與員工溝通的基礎，但在現實中很多人並沒有真正掌握「聽」的藝術。

第一，只有很好聽取別人的，才能更好說出自己的，虛心聽取別人的意見是一個人進步必要條件；

第二，自己意見不成熟時不能發表，說得過多了，說的就會成為做的障礙；

第三，多聽、多做、少說——是一個人成熟的表現。

「費斯諾定理」告訴我們的人生哲思是：

（一）無用的資訊，聽進去了也是白搭，就讓它左耳朵進，右耳朵出吧。不然還要定期清理垃圾，記憶體還受影響，效率得不到保障。

（二）聽了，過濾了，再將主要的資訊傳遞出來，這是很有效的，讓說者受益。明知說者在有些方面犯了錯誤，為什麼不指正、點撥。送人玫瑰，手留餘香。

（三）多聽少講只適用于學生對老師。聽一個一知半解的人滔滔不絕地講，那是無益的，即浪費了我們寶貴時間，又影響我們的心情。別人比你懂得多，為什麼不虛心、誠心去聽。遇到老師，虛心傾聽，遇到學生，用心傳教。

（四）多聽少講是有對象的，聽一個有學問的人講話，本身就是一種享受；而聽一個夸夸其談，不懂裝懂的人講話，那就是活受罪。

一般人認為：與人交流是說者為大，聽者只能當小弟，其實這是大大的誤解，真正有實力者必都寡言，而總明人大都善於傾聽，今後你不妨「多學習」傾聽，把傾聽當成人際關係中的魔術師！

虛心：主要指學習和態度，虛心向別人請教。孔子曰：三人行、必有我師。聽取別人的批評也是一種快樂，善意的批評也是一種提高的手段，猶如小樹苗、不澆水就會枯死。不修剪就長不成參天大樹。虛心學習是不斷地磨練自己，提高自己。

虛心聽取社會各方面的建議，只要是合理的建議和意見，做人都要虛心誠懇的接受的。虛心接受他人的批評，是在尊重對方的意見，虛心能提升一下自己內在的涵養。

勤奮：指在工作上、在實踐中、在學習中。勤奮的人才是聰明的人。

勤奮好學的學生學習多麼的刻苦與勤奮，成績就是多麼的優良。勤奮就是不偷懶，比如起得早，在別人眼裡就是學習勤奮的好學生。勤奮工作可以發揮出自己的主動性、創造性。勤奮才能收穫著快樂。

勤奮和堅持很這樣，勤奮就會如饑似渴地汲取廣泛的知識營養，比如，有的從打工仔到總經理，撐起了自己的一片天空；有的通過勤奮努力，終於腰纏萬貫，成了打工明星。勤奮是通往榮譽和成功的必經之路。

思考：是人大腦運轉的能力，思考找到前進的方向。學生能夠獨立思考將會有自主探索的學習能力。遇到問題，應該好好的思考一下。思考自己的生活，思考自己的人生。

出現問題，要學會去思考，學會去解決。思考對自己人生意義重大。會在思考中成熟，在成熟中昇華。思考才能產生準確判斷的能力。

遇到太簡單的問題，千萬不要急著問別人，沒經過思考的問題，別人會因此而瞧不起你。一個人的智慧是有限的，只有不斷地從別人的見解中吸取合理、有益的成分，以彌補自己的不足，才能減少失誤，取得成績。故善於傾聽別人的意見是每一個有志者必須具備的品格。

歷史上，齊威王善於傾聽鄒忌的意見，以致於「燕趙韓魏聞之，皆朝于齊」；

唐太宗善於採納魏徵的諫言，始有「貞觀之治」；假若劉邦不聽蕭何的薦舉，韓信不得拜將，何以有漢家邦國？如果趙奢不聽許曆的建議，何以能在領兵救韓中挫敗秦軍夜襲的陰謀而大敗秦兵？

傾聽別人的意見，還要防止因人廢言的惡習，不要因為別人的地位卑微抑或文化程度等不如自己便聽不進去；古語說得好：「智者千慮，必有一失；愚者千慮，必有一得。」高山自有高山的巍峨，細石自有其獨到的玲瓏，相得益彰，互補方能全美。

4．斯坦納定理

——說的越少，聽到的就越多

「期坦納定理」與「費斯諾定理」有異曲同調之妙處。

作為一位領導者，首先要傾聽問題，然後再去指導，這是田納西州BUN公司的總裁兼執行長給出最有價值的建議。由美國心理學者斯坦納提出的。

「斯坦納定理」說明只有很好聽取別人的，才能更好說出自己的，虛心聽取別人的意見是一個人進步的必要條件。自己意見不成熟時不能發表，說的過多了，說的就會成為做的障礙。多聽、多做、少說，是一個人成熟的表現。

傾聽的藝術算得上是無障礙溝通的關鍵所在，而無障礙溝通又是成功的企業管理之砥石。要想通過溝通清楚工作中的摩擦和障礙，應該注意在溝通中非常重要的一個環節，那就是傾聽。

傾聽是溝通過程中一個重要的環節。幾乎在任何交流中，我們所能做到的重要事情就是傾聽。比如，作為一名管理者，在講話前，只有傾聽，才能幫助你在回答問題時提供更多的信息幫助。當我們養成傾聽時，就必然會了解我們的員工的問題、挫折以及需求。

很多管理者都有這樣的體會：一位因感到自己待遇不公而憤憤不平的員工找你評理，你只需認真的聽他傾訴，當他傾訴完時心情就會平靜許多，甚至不需你作出什麼決定來解決此事。

在人際交往過程中，如何說、說什麼非常重要，而同樣重要的是如何傾聽。傾聽也是一種交往藝術，有時候無聲的傾聽比有聲的語言更能表達良好的溝通效果。

學會傾聽，是每個人成長路上必須要去學習和體會的一件必不可少的事情，當你真的學會了，你就會成為一個處處受人歡迎的人物了。

5．美即好效應

——對一個長得好看的人，人們很容易誤認為他的其他方面也很不錯

「美即好效應」指的是，印象一旦以情緒為基礎，這一印象常會偏離事實。因為看不到優秀背面的東西，就不能很好地解讀它是不是真的優秀？這是由美國心理學家丹尼爾．麥克尼爾所提出的。

在現實生活中，我們常常看到，當一個人在某一方面很出色：如相貌、智力、天賦等，人們往往認為他們在其他方面也會自然而然的出色。更有甚者，只要認為某個人不錯，就賦予其一切好的品質，便認為他所使用過的東西、跟他要好的朋友、他的家人都很不錯。

在與別人的交往中，我們並不總是能夠實事求是地評價一個人，而往往是根據已有的對別人的瞭解而對其他方面進行推測，從對方具有的某個特性而泛化到其他

有關的一系列特性上，從局部信息形成一個完整的印象，一好俱好，一壞俱壞。固然，有些人確實可以在很多方面都很優秀，但現實中這種人畢竟不多。現實中多的是有所專長，但在許多方面都很平庸的人。古語云：人不可貌相，海水不可斗量。要是以貌取人，或是對一個人的能力以偏概全，你可能會丟失很多寶貴的東西。

戰國時候，哲學家楊朱和弟子有一次來到了宋國邊境。天氣很熱，他們找到了一家小客棧休息。弟子不久就發現，店主的兩個老婆長相與身份地位相差極大：一個長相一般的在櫃台上掌管錢財進出，而一個長得很美的卻幹著洗碗拖地的雜活。弟子很困惑，就忍不住問店主人是什麼原因。主人回答說：「長得漂亮的自以為漂亮，不聽管束，舉止傲慢，可我卻不認為她漂亮，所以我讓她乾粗活；另一個認為自己不美麗，凡事都很謙虛，而我卻不認為她醜，所以就讓她管錢財。」

麥哲倫是近代航海事業的開拓者之一，帶領自己的船隊成功地完成了環繞地球一周的壯舉，向世人證明瞭地球是圓的。他之所以能夠成功，得益於獲得了西班牙國王卡洛爾羅斯的幫助。當時，自哥倫布航海成功以來，許多投機者或騙子為求得資助頻頻出入王宮，要求得到國王的資助進行新的航海探險。這使得爭取到資助的難度增加了不少。麥哲倫為表明自己與這些人不同，在覲見國王時特地邀請了著名的地理學家路易．帕雷伊洛同往。

在當時，帕雷伊洛久負盛名，是公認的地理學權威，國王對他也相當尊重。進宮後，帕雷伊洛將地球儀擺在國王面前，歷數麥哲倫航海的必要性及種種好處。國王看到帕雷伊洛都如此推崇麥哲倫的計劃，於是爽快地答應了資助這次航行，向麥哲倫頒發了航海許可證。其實，在麥哲倫等人結束航海後，人們發現了帕雷伊洛當時對世界地理的錯誤認識及他所計算的經度和緯度的諸多偏差。

由此可見，勸說的內容無關緊要，卡洛爾羅斯國王只是因為那是「專家的建議」，就認定帕雷伊洛的勸說是值得信賴的。正是國王的美即好心理效應——專家的觀點不會有錯——成就了麥哲倫的環球航行的偉大成功。

生活中，其實我們都在無意識地、執拗地利用著美即好效應。大多數人只要一聞到權威的氣息，便會立即放棄自己的主張或信念，轉而去迎合權威的說法；一看到某些人長相出眾，就認為他們能力也不錯，從而給他們很多機會。其實，美即好效應是一把雙刃劍。在對人才的甄別上，我們應從本質上去認識，真正選中有真才實學的人；在面對權威人士的觀點時，要通過理性去進行鑑別，從而避免受到誤導。只有這樣，才不會有礙於你的成功。

在學校經常可以看到這種現象，老師對學習成績好的學生，臉上往往流露出喜愛的神色，並器重和青睞他們。而對學習成績較差的學生卻往往歧視，並表現出討厭的情緒。這就是美即好效應在教育中的具體體現。這種「只見樹木，不見森林」的片面看法使部分優秀學生產生心理錯覺，無法正確對待自己；而另外一些學生僅僅因為分數不高，就會長期處在被老師的關愛遺忘的角落。這種人為造成的惡劣心理環境，不僅會引發學生情緒偏激，行為帶有觸發性和衝動性，容易產生逆反心理，而且必然導致學生的個性畸形發展，形成嚴重的心理障礙，從而使學生喪失積極向上的願望，對生活失去自信。

「美即好效應」對德育的啟示是「尺短寸長」，每個學生身上都有特長，也有不足，教師要樹立正確的學生觀，用發展的、辯證的、全面的眼光看待學生，對每一個學生都要全面了解。不能讓成績「一票否決」，只了解差生缺點的一面，忽視了差生優點的一面。應努力做到尊重每一位學生，保持在教育過程中一切學生的平等，避免部分學生滋生優越感，而另一部分學生形成自卑感。

「美即好效應」說明了「長得漂亮是優勢」，但我們每個人並不一定都會長得漂亮，這也要取之於ＤＮＡ的遺傳因子，由不得人。不過，我們還有一件事，可千萬別忘了——「活得漂亮是本事」！

6・暗示效應與反暗示效應

——心理的陷阱驅動自己

人，每天都會接受無數的信息，那麼也會受到無數的暗示，只是效果不一而已。「暗示效應」和「反暗示效應」，這兩個看起來明顯對立的心理效應，又會有哪些神奇的表現呢？

心理效應其實就是普遍存在的心理現象，這不是偶然巧合，更不是鬼使神差。讓我們一起走進一對有趣的心理效應，去解讀它，認識它和好好利用它。

「暗示效應」和「反暗示效應」。心理學中，在無對抗的條件下，用含蓄、抽象誘導的間接方法對人們的心理和行為產生影響，從而使人們按照一定的方式去行動或接受一定的意見，對人的行為方式，思考方向和思維方式有一定的指導作用，並且產生一定的影響。這種現象稱為暗示效應。也就是說一個人不自覺地接受暗示，並按暗示做出行為反應的心理現象。而反暗示效應是指說故意引用反語或過分誇大事實真相，最終產生的結果與正常推論得出的結果大相逕庭的效應。這種效應與逆反心理不同，有利於調動人們的注意力，贏得人們的關注。

暗示效應在社會生活中是極為普遍的心理效應，安慰劑效應、影視效應、品牌效應、權威效應、名人效應、廣告效應等等，都存在「暗示效應」的縮影。

有這麼一個有趣的現象，在一九八五年的美國洛杉磯有一場較大影響的足球賽，觀眾達數千人。在看比賽期間，有六個人反應胃部不適，有的反應肚子疼痛，有的表示想嘔吐。賽場的工作人員了解情況後，猜想他們是喝了台下出售的某種飲料出現的不良反應，於是通過廣播提醒大家不要再喝這個牌子的飲料。

不料，廣播播出後不久，竟然相繼兩百多個人出現食物中毒現象被送往醫院。所幸，該品牌的飲料送去檢查後，發現飲料符合國家衛生標準。這時，廣播又通告這個檢查結果。於是這個消息也傳到了醫院，那兩百多名「患者」不治而愈，興致勃勃地又跑回球場看球。

這個故事裡的兩個廣播都給人以心理暗示作用，雖然兩個廣播的暗示效應作用是相反的，但是對於人的心理作用原理卻是一致的。這是一個極好體現暗示效應的例子。可見，暗示效應不僅有積極的作用，也會有消極的負面作用。

如果我們一直接受積極肯定的心理暗示，會對我們的心理，行為，情緒產生積極的作用；相反地，如果我們一直接受消極否定的心理暗示，那麼我們的各個方面也會受到消極的影響。

舉一個簡單的例子，如果在學生宿舍裡，只有一個人在認真讀書，其他的同學都在上網和打遊戲，那麼最後這個人有很大的可能堅持不了學習，加入同學的上網、打遊戲的行列。但是，如果其他人都在學習，只有一個人在上網，那麼這個人很有可能會強迫自己學習，不甘落後。

由上可知，暗示效應在群體中所起的作用尤為明顯。但是暗示效應也經常能夠被運用在個人身上，特別是教育方面。而且兒童接受暗示比成人強。因此暗示效應和反暗示效應在家庭教育和學校教育中應用十分廣泛。作為導師，怎麼對待班裡表現較差的學生一直是一個很重要的問題，是建設一個班級的重要環節。

老師和差生交談，不能一直說一些刺激性的語言，這樣會引起學生的反感，比如「朽木不可雕也」、「江山易改，本性難移」等，反而會引起學生的逆反心理，導致他們最後完全喪失學習的動力。這個時候，導師應該給予他們更多的關注，循循善誘，從他們的語言，行為，情緒等細節方面進行關注和鼓舞，做到動之以情，曉之以理。只要做到尊重和平等對待學生，給予他們足夠的心理暗示，差生得到關注，也會變得更加積極學習，成績自然會提上去的，進而變得更加自信、更加健康地成長。

暗示效應影響力之廣，生活之中真的是處處都有它的應用。就連我們熟知的催眠術的實質上也是利用暗示效應使人進入催眠的狀態。當然並不是每一個人都能被成功催眠，只有那些暗示性比較強烈的人才可能被催眠。

當催眠師對全場一起催眠的時候，在催眠師的指導下，就有很多被催眠了，接著就會做出一些催眠師發出的指令。而沒有被催眠的也大有人在，這些人是可能是暗示性比較弱的，這裡的催眠暗示語言對他們就起不了暗示作用。暗示效應的存在極為普遍，但是催眠術卻只能作用於小部分人。

一般來說，女性的暗示性強，感情比較脆弱，接受度較高，所以很容易接受暗示進而進入催眠狀態。而男性，特別是堅毅的、膽汁質的男人，他的暗示性會比較弱一點，所以男性往往很難進入催眠狀態。

同樣，「反暗示效應」在生活中也很常見到，尤其是在市場營銷和廣告宣傳的時候，往往對消費者產生強大的吸引力，達到很到的宣傳效果。而且對同種事物採用不同營銷手段所產生的效果往往也是天差地別。

例如：香菸的廣告商有意在廣告上寫：「抽菸有害，請勿抽菸，其中包括ＸＸ牌香菸。」結果，更加吸引顧客購買這種香菸。下面的情況則截然相反。有一個不吸菸的人，他朋友叫她幫他買墨西哥那裡的菸，結果那包菸上面有十種吸菸患病的圖片，像肺癌，咽喉癌等，於是那個人一點也沒有要吸菸的嘗試。這兩者都是暗示效應作用。

就連史書裡都少不了這兩兄弟的身影——諸葛亮「請將不如激將」的激將法中起主導作用的就是反暗示效應。在教育過程中，激將法也是一種激發孩子學習動力的一種方法。針對一些自尊心比較強，智力比較高以及上進心強的孩子可以運用反暗示效應，起到提高能力和戰勝自我、樹立自信心的作用。但是，激將法若被人誤用或者引用不當，就會造成一些無法挽回的悲劇。比如，家長和老師言語過激，會給孩子心理留下不可磨滅的陰影，進而影響孩子的身心發展，甚至有的孩子可能會感到孤獨絕望，而產生輕生的念頭。因此，激將法要慎用。

與其說這種心理效應是心理學的陷阱，不如說它是人們行為背後的驅動法則。人的行為還是由於心理上的驅動法則在啟動的，所以了解心理學的各種效應是現代人的必修課。

第四章

不要打開潘朵拉盒子

I．蝴蝶效應

——起初微小的變化，將會帶來巨大的連瑣反應

「蝴蝶效應」由美國氣象學家洛倫茲於一九六三年提出的。事物發展的結果，對初始條件具有極為敏感的依賴性，初始條件的極小偏差，都將可能會引起結果的極大差異。

在一九六三年的一次試驗中，美國麻省理工學院氣象學家洛倫茲用電腦求解模擬地球大氣的13個方程式。為了更細緻地考察結果，在一次科學計算時，洛倫茲對初始輸入數據的小數點後第四位進行了四捨五入。他把一個中間解0.506取出，提高精度到0.506127再送回，前後計算結果卻偏離了十萬八千里！前後結果的兩條曲線相似性完全消失了。

根據常識，同樣的程式和數據顯然會導致同樣的結果。但是第二次的預報結果

與上一次大不一樣。開始他認為是電腦的故障，排除了這種可能後，他發現，他輸入的不是完整的數據。再次驗算發現電腦並沒有毛病，洛倫茲發現，由於誤差會以指數形式增長，在這種情況下，一個微小的誤差隨著不斷推移造成了巨大的後果。

於是，洛倫茲在美國《氣象學報》上發表了題為「確定性的非周期流」的論文，提出了在確定性系統中的非周期現象。第二年，他發表了另外一篇論文，指出對於模式中參數的微小改變將導致完全不一樣的結果，使有規律的、周期性的行為，變成完全混亂的狀態。

這個發現非同小可，以致科學家都不理解，幾家科學雜誌也都拒登他的文章，認為這篇論文「違背常理」：相近的初值代入確定的方程，結果也應相近才對，怎麼能大大遠離呢！

一九七二年美國科學發展學會第一三九次會議上，洛倫茲發表了題為「可預測性：在南美洲亞馬遜雨林一隻蝴蝶扇動翅膀，能否在德克薩斯州掀起一場龍捲風」的演講。他認為，一個微小的初始條件變化可能導致一連串逐漸放大的改變，最終導致完全不同的結果——這個看似荒謬的論斷，打碎了所有人關於「因果決定論可預測度」所存的幻想，最終產生了當今世界最偉大的理論之一——「混沌理論」。

於是，洛倫茲認定，他發現了新的現象：事物發展的結果，對初始條件具有極為敏感的依賴性。他於是認定這是：「對初始值的極端不穩定性」即：「混沌」，又稱「蝴蝶效應」。從此以後，所謂「蝴蝶效應」之說，就不脛而走了。

他說，一隻南美洲亞馬遜河流域熱帶雨林中的蝴蝶，偶爾扇動幾下翅膀，可能在兩周後在美國德克薩斯引起一場龍捲風。其原因在於：蝴蝶翅膀的運動，導致其身邊的空氣系統發生變化，並引起微弱氣流的產生，而微弱氣流的產生又會引起它四周空氣或其他系統產生相應的變化，由此引起連鎖反映，最終導致其他系統的極大變化。洛倫茲把這種現象戲稱做「蝴蝶效應」，意思即一件表面上看來毫無關係、非常微小的事情，可能帶來巨大的改變。

「蝴蝶效應」在社會學界用來說明：一個壞的微小的機制，如果不加以及時地引導、調節，會給社會帶來非常大的危害，戲稱為「龍捲風」或「風暴」；一個好的微小的機制，只要正確指引，經過一段時間的努力，將會產生轟動效應，或稱為「革命」。

有這樣一段小句子：丟失一顆釘子，壞了一隻蹄鐵；壞了一隻蹄鐵，折了一匹戰馬；折了一匹戰馬，傷了一位騎士；傷了一位騎士，輸了一場戰鬥；輸了一場戰爭，亡了一個帝國——這段話告訴我們不要因小失大，得不償失。

有個故事，一隻駱駝在沙漠裡艱難地走著，當時正值正午，掛在天空的太陽像一個大火球，曬得它焦躁萬分，駱駝一肚子的火不知該往哪兒發好。就在駱駝焦躁萬分時，一塊玻璃瓶的碎片把它的腳掌硌了一下。疲累的駱駝突然感覺從腳掌傳來一陣疼痛，頓時火冒三丈，抬起腳狠狠地將碎片踢了出去。然而，玻璃瓶又將它的腳掌劃開了一道深深的口子，鮮紅的血液頓時染紅了沙粒。

生氣的駱駝一瘸一拐地在沙漠裡走著，一路的血跡引來了空中的禿鷲，它們在駱駝上方的天空中盤旋著。駱駝心裡一驚，頓時感覺到危險的降臨，於是不顧傷勢狂奔起來，但是血流得更猛了。

當駱駝跑到沙漠邊緣時，濃重的血腥味又引來了附近的狼，疲憊加之流血過多，無力的駱駝只得像隻無頭蒼蠅般東躲西藏。倉皇中，駱駝終於跑到了一處可以歇息的地方。不料，食人蟻傾巢而出，黑壓壓地向駱駝撲過去。一眨眼，那些食人蟻就像一塊黑色的毯子一樣把駱駝裹了個嚴嚴實實。不一會兒，可憐的駱駝就倒在地上了。臨死之前，這個龐然大物追悔莫及地嘆道：「我為什麼跟一塊小小的碎玻璃生氣呢？」

駱駝的腳掌被玻璃瓶碎片劃傷了，這原本是一件非常小的事情。可是駱駝卻在這件小事上抓狂了，它憤怒地將碎片踢了出去。然而，它怎麼也沒有想到，正是它這一舉動使它走向悲劇。

「蝴蝶效應」之所以令人著迷、令人激動、發人深省，不但在於其大膽的想像力和迷人的美學色彩，更在於其深刻的科學內涵和內在的哲學魅力。混沌理論認為在混沌系統中，初始條件的十分微小的變化經過不斷放大，對其未來狀態會造成極其巨大的差別。有點不可思議，但是確實能夠造成這樣的惡果。一個明智的領導人一定要防微杜漸，看似一些極微小的事情卻有可能造成集體內部的分崩離析，那時豈不是悔之晚矣？

二○○三年，美國發現一宗疑似狂牛症案例，馬上就給剛剛復蘇的美國經濟帶來一場破壞性很強的颶風。扇動「蝴蝶翅膀」的，是那頭倒霉的「狂牛」，受到衝擊的，首先是總產值高達1750億美元的美國牛肉產業和一百四十萬個工作崗位；而作為養牛業主要飼料來源的美國玉米和大豆業，也受到波及，其期貨價格呈現下降趨勢。但最終推波助瀾，將「狂牛病颶風」損失發揮到最大的，還是美國消費者對牛肉產品出現的信心下降。在全球化的今天，這種恐慌情緒不僅造成了美國國內餐飲企業的蕭條，甚至擴散到了全世界……

另外，你能想像得出一個美國人抽煙和通貨膨脹有什麼關係嗎？假設美國現在有一個人抽煙，不小心把沒熄滅的煙頭扔在了床邊，然後出門上班了，大約20分鐘後，煙頭慢慢引燃床單，火越來越大，逐漸蔓延到左鄰右舍，引起煤氣罐的連環爆炸。這時的美國人已經對「恐怖襲擊」膽戰心驚，而這個肇事者（扔煙頭的人）卻忘了自己曾扔過煙頭，於是在一時無法查明原因的情況下，這件火災暫時被定為「恐怖襲擊」。這樣，驚恐萬狀的人們紛紛拋售股票，引起股市大跌。人們下降的消費信心影響了整個美國經濟，最後造成美元貶值，由於美元的持續貶值，而導致以原材料為基礎的商品價格上漲，引發通貨膨脹……

這個例子比較誇張，為的只是說明：我們在解釋某種經濟現象時，如果無法從常規的分析中找到答案，就要考慮那些看起來無關緊要的因素，然而這種因素太多了，也太不可預測了，這也是為什麼經濟學家總是難以精確地預測具體經濟指數的原因。但也正是這種不可預測性造就了變化多端而豐富多彩的世界。

蝴蝶扇動翅膀都有可能引起龍捲風，那還有什麼不可能呢？「沒有什麼不可能」，恐怕這就是「蝴蝶效應」給我們最大的啟示。

「蝴蝶效應」是連鎖效應的其中一種，其意思即一件表面上看來毫無關係、非常微小的事情，可能帶來巨大的改變。此效應說明事物發展的結果，對初始條件具有極為敏感的依賴性，初始條件的改變，將會引起結果的極大差異。

日常生活中，每天總有一些看似偶然發生的事，實際上是必然會發生的。而發生的這些事並沒有對錯或好壞，也不會直接影響你的心情。每天發生的事，10％是由你產生的，90％是由你對產生的事做出的反應構成，而你對這些事所做的應對行為才是真正使你的生活發生改變的原因。

丈夫有晨跑的習慣，這天晨跑途中，經過一位遛狗的中年貴婦，不想那條狗猛然間咬住他的褲腿不放，丈夫本能地甩開腿，用力過猛踢到了狗，狗嗷嗷叫了兩聲，才鬆了口。誰知狗主人生氣地說他故意踢她的狗。丈夫更生氣地說狗咬壞了自己的褲子，大家算扯平了，貴婦這才作罷。

丈夫繼續跑步，卻感覺很不爽，越想越生氣。跑完步，回到家，他看到兒子居然還賴床上在玩手機，就訓斥他趕快起床，否則就別吃早餐！同時，丈夫也怪妻子太嬌慣孩子。於是，兒子賭氣沒吃早餐，妻子與丈夫爭吵後，生氣地關上房門。

吵完架，丈夫發現時間很緊張，不得不趕緊送兒子去學校，但兒子還是遲到了，被老師批評一頓，這天兒子參加考試，本來兒子學習成績很好，有望拿第一，但今天因為批評心情極差，都沒有考及格。

丈夫帶着鬱悶的心情趕到公司，然而卻發現自己的公文包沒帶，裏面有今天要會見客戶的重要資料，他趕緊回家去拿，結果忘帶家門鑰匙，不得不給妻子打電話，妻子慌慌張張往家裏趕，誰知路上撞到一位老太太，不得不賠了一大筆慰問金之後才脫身。

丈夫拿來公文包趕到公司，已經遲到了一個多鐘頭，客戶也因為等他時間太長，使本來能做成的生意泡湯了，於是老闆對他大發雷霆，罰他當月獎金！妻子也因為回去送鑰匙，被老闆訓斥一頓，扣除當月全勤獎！

晚上丈夫回家，發現妻子和兒子都不怎麼跟他說話，於是他更生氣和鬱悶。夫妻又爆發了激烈的爭吵，氣頭上的丈夫打了妻子，妻子哭泣着連夜回了娘家，丈夫賭氣也不去叫，時間長了，夫妻關係冷淡，兩個人索性離婚了！

然而，丈夫卻沒有發現，這鬱悶的一天，看上去是因為倒楣，其實真正讓他的生活變糟糕的事情，都是他一手造成的，與那條狗無關，與其他任何人無關。

你想想，狗是畜生，咬陌生人是它的本性，它錯了嗎？沒有！丈夫不小心踢跑了那條狗，這是他自我保護的本能反應，他錯了嗎？沒有！狗主人愛惜自己的寵物，氣頭上說了兩句護犢子的話，她錯了嗎？事實上，誰也沒有錯，原本整個事件僅僅就只是一個生活中的小插曲。然而，丈夫對這件事的反應及後續行為，最終使這件小事蝴蝶效應般無限放大，演變成了一場災難，最終改變了他的生活。

假如換個方式——當丈夫被狗咬到又踢到狗之後，能心平氣和與狗主人互相道歉，那麼他的心情不會太差，如果跑步回家後，看到兒子賴床，他可以對兒子說：「兒子，快來看你老爸的褲腿，老爸被狗咬了！」兒子一定立刻骨碌爬起來，這時，丈夫跟兒子這樣說：「如果你跟我一起跑步，我就會看到，那條狗是怎樣被我兒子一腳踢飛了！」

這時，他的妻子也會關心地過來看，丈夫對妻子說：「親愛的，我沒事，只是咬壞了褲子，你可沒看到，我那飛起的一腳，那狗都嚇尿了！」妻子笑着說：「是你嚇尿了吧？哈哈！」於是，一家人在歡笑中吃個早餐，然後開始愉快美好生活的新一天。當然接下來，兒子考試也許能得第一，丈夫談成一筆生意，不僅老闆賞識，而且當月收入增加，妻子也能拿到滿勤獎。

所以說，每一天的快樂和不高興，其實由你決定，如果你不能對發生10％的事件很好的掌控，那麼後續的90％的事件就會像蝴蝶效應一樣無限放大，到時候你想收拾都難。

對於我們每個人來說，生活中發生的每一件事情，都會使你生活變得美好或變差，關鍵在於你如何去解讀，如何去應對。即使那些在你看來的倒楣事件，只要你願意努力，願意用自己的智慧去應對，也一樣可以使它們成為快樂事件。

當你能弄懂生活中蝴蝶效應的原理，並學會掌控每一天發生的事的時候，你就擁有了一種神奇的能力，那就是能將逆境轉化為順境的能力，能將糟糕的一天變成美好的一天的能力。所以說，美好或糟糕的一天，完全由你決定！

不要把一些雞毛蒜皮的小事放在心上；別過於看重名與利的得失；不要為了一點兒小事而著急上火，動輒大喊大叫，以致因小失大，後悔莫及。

不過，你如果以「逆向思維」來詮釋「蝴蝶效應」也可以帶來不同的啟示：

有個年輕人，因家境貧寒，輟學回家照顧體弱多病的雙親。

他雖年少，但是，他做啥都很專心，比如：他看景時，不走路，因為會分心，所以他專心觀景，盡情欣賞，他每次都只專心做好一件事。

有一天，在他走過花園旁時，聽到花匠們說口渴，他有了想法，他當下就用這枚銅錢買了一些茶水送給了花匠們喝。

花匠們喝了，非常感激，便一人送了他一束花，他得到了這些花，路過集市的時候，把花分給了愛花的人，於是，得到花的人，非常感激他，每人給了他一個銅錢，這樣他就擁有了八個銅錢。

一天，一陣狂風過後，果園裡到處都是被狂風吹落的枯枝敗葉。

年輕人對園丁說：「願意幫助你們把果園打掃乾淨，這些斷枝落葉能讓我拿回去做柴火嗎？」

園丁很高興：「可以，可以，你都拿去吧！」

年輕人撿柴火時，附近有一群小孩為了爭搶幾粒糖，鬧彆扭，於是，年輕人用這八個銅錢買了一些糖果，分給這群玩耍的小孩，並教育孩子們要團結，小孩們非常感激他。於是，紛紛幫他把所有的殘枝敗葉給撿拾一空……

年輕人正準備把這些柴火拉回家的時候，這時，走過來一位幫大戶人家做飯的廚工，廚工說：這柴火很好，燒火不冒煙，我們東家有哮喘病，最怕煙了，年輕人聽後，說：那您拿去吧！廚工說：怎麼可以白拿呢？於是，廚工付了16個銅錢拿走了這堆柴火。

年輕人拿著這16個銅錢，心想這麼多的錢，可以做好多善事，於是，他想在自家不遠處開個茶水攤，正值炎熱的夏季，路人們都很口渴，一來可以廉價的賣點茶水貼補家用，二來可以免費給附近五百個割草的工人提供茶水，解決喝水問題。於是，五百個割草工人，每天都向他點頭微笑，並豎起誇讚的大拇指。

不久，一個路過的商人，也停下來喝水，當商人聽附近的人們說：這個年輕人真傻，不僅茶水賣的便宜，而且，還天天在這裡免費給割草的工人供應茶水時，商人露出了讚許的目光，告訴他：「明天有一幫馬販子帶四百匹馬要經過你這裡，你多準備一些茶水吧。」

聽了商人的話，年輕人想，這多馬匹，肯定要吃草的，於是，他把這個意思對割草的工人說了，於是，每位割草的工人都很慷慨地送了他一捆草！這樣年輕人就有了五百捆草。

第二天，馬幫隊伍來了，在茶攤歇腳，看到這麼多的好草料，於是，便提出要買，年輕人說：這些草料，我沒有花錢，你們需要就拿去吧，馬幫們笑笑，喝完了茶，便丟下了一千個銅錢，拉走了年輕人的五百捆草料。

幾年後，這個地方出了一位遠近聞名的大富豪……

2・潘朵拉效應

——禁止隱含神祕意味，更會引起探究之心應

心理學中把「不禁不去做」、「愈禁愈想做」的逆反心理現象，稱之為「潘朵拉效應」或「禁果效應」。潘朵拉效應的心理實質是好奇心和逆反心理在起作用。

普羅米修士盜取了天上的火種到人間，宙斯為懲罰人類，便令潘朵拉去普羅米修士之兄厄庇墨特斯處。潘朵拉受諸神的祝福，使她成為最完美的女人而跟厄庇墨特斯成了婚。潘朵拉有個所謂『潘朵拉的盒子』，傳說盒子裡有著世間最可怕的詛咒。潘朵拉由於太幸福了，總覺得生活中好像缺少了些什麼；使得好奇心重的她，終於有一天打開了那個盒子，於是所有的病痛、戰禍災難……都化做恐怖的幻象，飛向世界每個角落，人類燦爛輝煌的黃金時代也就此宣告結束。因為她的好奇，人類無法避免的——開始要承受了各種痛苦，並且永無休止……

蘇軾和蘇轍小時候非常頑皮，不肯讀書。為了引導他們喜歡讀書，他們的父母蘇洵夫婦不僅曉之以理，喻之以義，而且施之以「魔法」！

每當孩子們玩耍嬉戲的時候，他就躲在一邊的角落裡讀書，孩子們一來，他就故意把書「藏起來」。父母「偷偷摸摸」、「神神兮兮」的舉動讓孩子們好奇不已。他們猜想父母一定閱讀什麼好書。滿懷追根究底的欲念，他們乘父母不在家時，把父親藏起來的書「偷」出來讀。日復一日，讀書竟成了蘇軾和蘇轍的樂趣。蘇軾、蘇轍熱愛讀書，發奮學習，終於成為著名的文學家，與父親蘇洵被譽稱為「三蘇」都被列入「唐宋八大家」。

中小學生存在的逆反現象，部分就源於「潘朵拉現象」。中小學生好奇心強，由於閱歷和經驗的不足，情緒失控，道德觀念和社會化發展不成熟。他們不迷信、不盲從，具有較強的求知欲、探索精神和實踐意識。但家長或教師在教育孩子時，為了讓孩子不走彎路，常用自己的所得經驗阻擋孩子的好奇心。孩子受好奇心的驅使，聽不進大人們忠告，對於越是得不到的東西，越想得到，越是不能接觸的東西，越想接觸。這樣，孩子不聽勸告的逆反行為就形成了。

在每個人的成長過程中都不可避免地要經過青春期這個特殊的階段，它是架設在幼稚與成熟之間的一座橋樑，也是生理和心理上發生巨大變化的過渡期，而中學生正處於這樣一個非常時期，他們在生理上已經顯現出了不同於兒童的性徵，在心理上也具備了強烈的自我意識。但他們還不夠成熟，所以我們經常聽到這些「叛逆學生」的家長抱怨：「這孩子真長大了，連我們的話也不聽，讓他做什麼他偏不做，你說東他偏要說西……」這句聽似平常的話卻道出了一個普遍的問題，中學生在身心發展的過程中往往會產生一種逆反心理，用心理學理論上講就是作用於個體的同類事物超過了個體感官接受的閾限，而使個體產生的一種相反體驗。

假如有人在路邊向一隻螞蟻身上吐了一口口水，然後蹲下去看螞蟻是如何從他的口水中掙扎出來，不久，準會圍上一大堆人看。這種現象就是說明了人都有強烈的好奇心。人的好奇心也是推動人類進步的動力之一。如果不是人類解開一個又一個的「為什麼？」人類也不會發展到今天這個地步。

牛頓對蘋果落地的好奇，發現了萬有引力；人類對居住環境的好奇，使得人類航海，發現了地球是圓的。心中的好奇推動著我們去努力，滿足了好奇心之後，我們也增長了知識。我們在與人交往中，如果能夠調動他人的好奇心，就能夠控制他人的心理，也就會使他人按照我們的意圖來行事。

本來歐洲農民很排斥馬鈴薯，著名的法國農學家安瑞．帕爾曼就在一塊低產田上栽培馬鈴薯，並且安排一支身穿儀仗服裝、全副武裝的國王衛隊來看守這塊地。但是他們只是在白天看守，到了晚上，警衛就撤退了。這使得周圍的人們特別好奇，是什麼東西需要這麼謹慎的看守？一定是很好的東西，才會這樣受到重視，害怕別人偷走。

人們這樣一想，就猜測種在地裏的馬鈴薯一定是非常好的東西，於是人們相約晚上的時候偷著去地裏挖馬鈴薯，種到自己的地裏。這樣馬鈴薯得到了很好的推廣，而且人們也發現偷來的馬鈴薯確實是一種味美而且獨特的產品。農學家就是利用了人們好奇的心理，來達到推廣馬鈴薯的目的。人總是這樣，越是不知道的東西，就越是好奇，總是會想方設法去了解，直到得到了答案。

那麼，「潘朵拉現象」是怎麼形成的？

人們渴望揭示未知事物的奧祕，本來一個平常的事物，如果遮遮掩掩，反而會吊起人們的胃口，非要研究明白才能吃得香睡得好。人們往往會有這樣的心理，越是被禁止的，越是被別人專用的東西，肯定就是好東西；就是因為好，才捨不得給別人享用，這樣更加促使他花費心思弄到手，如果得到了，就會有一種成就感，會比容易到手的東西更加珍惜；如果得不到，便會哀歎，甚至一生都會為其惋惜。

「逆反心理是客觀環境與主體需要不相符合時產生的一種心理活動，具有強烈的抵觸情緒。」——《心理學大詞典》。換言之，逆反心理是指客體與主體需要不相符合時產生的具有強烈抵觸情緒的社會態度。

心理學大量的經典研究表明，探究周圍世界的未知事物，是人類普遍的行為反應，是人在長期生物進化中形成起來的具有生物意義的穩定需要。對一件事物作不說明原因的簡單禁止，會使這件事物有區別於其它事物的特殊吸引力，使人自然地將更多的注意轉移到這件事物上。另外，沒有得到解釋的禁止會引發起各種推測和假設。當人們對禁止感到理由不充分時，人們就找不到充分理由來遏止自己的探究欲望，從而心理平衡會朝違反禁止的方面傾斜，使人傾向於做出偷食禁果的行為。

中小學生中存在的逆反現象，部分就源於「潘朵拉現象」。但家長或教師在教育孩子時，為了讓孩子不走彎路，常用自己的所得經驗阻擊孩子的好奇心。孩子受好奇心的驅使，聽不進大人們忠告，對於越是得不到的東西，越想得到，越是不能接觸的東西，越想接觸。這樣，孩子不聽勸告的逆反行為就形成了。

所以，在教育上我們必須以下幾點：

一、學生自身心理發展的影響

中小學生多數具有強烈的好奇心，受好奇心的驅使，他們喜歡新事物和新知識。心理學研究表明，好奇心過強能形成一種特殊的心理需要，這種心理上的認知需要可以轉化為學習活動的動機，誘發學習興趣，促使和推動學習者去探索有關的事物和認知資訊。一般說來，人們對於越是得不到的東西，越想得到，越是不能接觸的東西，越想接觸，這就是所謂「禁果逆反」。我們有些老師、家長禁止中小學生做某事，卻又不說明為什麼不能做的理由，結果適得其反，使「不要打架」、「不要上網玩遊戲」之類禁令達不到應有的預期效果；對於被禁止、批判的電影、文學作品、理論文章卻懷著極大興趣去觀看、查閱。「被禁的果子是甜的」，好奇心驅使中小學生有時甘冒受懲罰的風險去嘗也許並不甜的「禁果」。家庭環境的影響具有特殊意義。孩子在家庭中生活的時間很長，約占其全部生活時間的三分之二，父母對子女的行為起著潛移默化的作用。

二、家庭不良因素的影響

家庭是中小學生成長的根本環境，它是人生中最先接受教化的地方。家庭中不同的教育方式會培養出孩子不同的心理品質和個性。一些家庭中不良的教育方式，直接影響著中小學生逆反心理的形成。例如家長教育方式的簡單粗暴或命令式、專斷式等慣用的教育方法，以及在生活、學習等方面期望值過高，要求過嚴等，這些都無形的在孩子心理上造成一種壓力，當這種壓力不斷積蓄、沉澱，中小學生又找不到良策排解時，便在情感上對我們所進行的一系列教育、說教、勸說產生抵觸，在情緒上不滿，進而產生逆反心理。有的父母對孩子給予的心理和物質的照顧過多，尤其是對孩子教育上的要求過多，超過了孩子所能耐受相容忍的程度，對孩子來說往往是一種被強加的、不正常的無形的壓力，易於引起他們無謂的煩惱，也抑制了他們的獨立性和完整個性的健康發展，易產生逆反心理。

家長提出要求的方式也會引起孩子的逆反心理。有的家長對孩子提出要求的方式是居高臨下的、粗暴的、命令式的，擺出封建家長式的威風，甚至使用暴力使孩子屈服，不給孩子任何自主性的空間。這些孩子長大以後，對父母的這種敬育方式就會產生反感、抵觸，而且以後也會以同樣的方式來對待別人。

父母不和也是孩子產生逆反心理的原因。父母長期的分歧、敵對、爭吵不休、緊張衝突，會使子女的內心產生嚴重的焦慮與矛盾、多疑、心神不寧或神經質，甚至導致心理變態以及反社會行為。

三、教師自身素質的影響

有些教師在教學過程中對學生有不公正的處理，這樣也會導致逆反心理的產生。有的教師比較偏愛某些成績好、聽話的學生，當好學生犯了錯誤也會很容易地原諒他，即使批評也是和顏悅色、和風細雨式的。而聽說一些成績不好、喜歡調皮搗蛋的所謂「差生」犯了錯誤時，教師的表現是疾言厲色、大聲訓斥，即使「差生」沒有明顯的過錯或根本沒有過錯時，教師也不道歉。結果是「差生」不喜歡這個教師、甚至恨這個教師，上他的課就是不聽、故意搗亂，與教師作對。即使理智告訴他這樣做是不對的，但是在感情上，他仍然不能接受這個教師。前蘇聯教育家費可夫在《和教師的談話》中說過：「請你不要忘記，孩子們受到不公平的待遇，特別是這種待遇來自一個親近的人的時候，他的痛苦心情會在心靈裡留下一個長久的痕跡。」

四、同輩群體不良因素的影響

同輩群體是指同齡或相近年齡組成的群體。在眾多同輩群體中，學生受同輩群體的影響最突出對同輩群體的依賴最明顯。這是因為在學生同輩中，學生們不僅有共同的心理感受和需求，而且都有相近的愛好、興趣和共同的行為傾向，它們之間相互容易認同，最能達到或造成相互轉化與感染。其中同輩群體中積極的價值觀念及行為傾向與家庭、學校、社會的教育目的大體一致，置身其中的個體學生的心理就較為正常、合理；而學生同輩群體中不良的價值觀和行為傾向則對置身其中的一些學生心理產生不良影響。比如在學生中存在的不良英雄觀、出風頭、唱反調就使一些本來正常的學生心理上被潛移默化了，再加上學生自身心理的不穩定和模仿性，容易使其逆反心理形成。為此，在學生逆反心理的形成中同輩群體的影響是不可忽視的。

有的學生因為各種原因，他們在班級中沒有知心朋友，他們中不少人也嚮往集體生活，想與同齡人交往，希望在班級裡取得一定的地位，試圖用各神手段吸引同學們的注意，甚至不借用與常態相反的行為來引起大家的注意。

五、大眾傳播及社會文化的影響

隨著資訊時代的到來及大眾傳播事業的發展，大眾傳播媒體對學生的影響日益擴大，不僅給學生提供了學習、求知和受教育的新途徑，而上也帶來了一定的負面影響。大眾傳播媒介在資訊選擇、製作上因著力大眾，而忽視了對中小學生受眾群體的關照，使一些成人文化中不良的、世俗的因素或因揭示某種現象或因製作節目的連貫性，本來用來警示人們的內容，卻被中小學生負面地接受了。

「潘朵拉現象」本身無所謂好壞，關鍵在於如何引導這一心理機制。從另一方面來考慮，逆反心理在一定程度上是學生思維活躍、自立自主意識增強的表現，但它畢竟是一種不健康的反常心理。如果一個人說話辦事常常由逆反心理支配著，時間久了就會導致病態，對什麼事都不感興趣，對什麼事都看不慣，最終將會喪失對事業的熱愛和對理想的追求，嚴重妨礙一個人的成長發展，因此必須引起家長和社會的高度重視。為了促使學生健康、有序發展，作為教育者，我們必須探究學生逆反心理的化解藝術，爭取主動權。

一、轉變思想，充分尊重

從形式上看，教育和被教育者之間是一對矛盾性的存在，實質上這兩者是一致的。這是因為我們教育的目的或目標都是有利於被教育者健康的成長和發展，這和被教育者的願望是一致的。並且教育和被教育者是一種相互依存的關係，被教育者需要我們的指導，教育者教育指導的作用又具體在被教育者的有效社會化和不斷提高健康發展能力方面實現。正確解決這一關係及在指導思想上樹立熱愛教育工作特別是熱愛思想教育工作的意識，就會在我們的教育內容、形式和方法上做到積極探索，敬業工作尊重學生。進而才會減少學生的心理反感，削弱和消除逆反心理。

二、感情投入，密切關係

對嬰幼兒來說，父母親的態度和行為應具有前後一貫性，這樣，他們才能有把握地預測未來，也才會有安全感。兒童基於昨天什麼行為被允許或得到贊許，他們便能推斷今天的什麼行為也會得到允許或贊許，他們對自己和未來便有了信心，便有了安全感。我們必須明確，對兒童造成威脅的，並不是毒蛇猛獸，也不是自然災變，而是周圍的人尤其是負有養育責任的人的行為疏忽或失誤。如果孩子今天的什麼行為得到贊許，什麼行為受到制止，並不取決於父母的一貫態度，而取決於父母此刻是否頭痛或消化不良，取決於父母今天的心情是否愉快，甚至是取決於父母打麻將牌的輸贏，那麼，兒童深埋著的不安全感，是將來患神經症的一個重要根源。

父母的態度和行為的一致性也十分重要。如果父母不和，意見分歧，孩子便不能（至少很難）形成評價事情好壞的統一標準，也就不能發展無衝突的價值觀。很多青年人的心理衝突可以從父母教養原則的不一至性那裡找到根源。

三、同輩指導，有效控制

任何群體都會對個體產生一種心理壓力，這種壓力或者說是一種生存、生長環境對人的壓力作用。積極的群體對個體的正常心理產生的則是一種動搖力量。為此，加強對同輩群體的正確指導，及時發現不良風氣並做到儘早扭轉是防範逆反心理和不良習氣滋生、擴大有效手段。特別是對同輩群體中「領袖人物」者有效控制和指導，則更是必要的。

四、分析導向，建構認知

面對社會錯綜複雜的文化現象和社會問題，中小學生往往還未具備正確的認知能力，常常是因為好奇心驅使進行模仿，難以辨清其實質或其中蘊含著的積極、合理因素。這就需要我們教育者及時、有效、準確地把握這些現象和問題，把它提出來置於被教育者面前，深刻分析其實質和其中的合理成份，幫助他們建構正確的認知，避免盲目的追隨。這也可預防、消除逆反心理。

五、積極鼓勵，合理調適

常言道：良藥苦口利於病，忠言逆耳利於行。可社會心理學家卻認為：在人們的心靈深入，最渴望他人的讚美。讚美是一種鼓勵，它在人們心屢深處植入的是信心和力量，播種的是奮進向上的種子；它是一種興奮劑，讓人更加充滿活力和精神；讚美還是一種認可，一種肯定，能使人們堅定發展的方向。我認為，多一種鼓勵，就少一個背離者；多一句讚美，就有可以把搖擺不定的中小學生拉入我們期望的行列。相反，批評雖然可以說明受教育者認識錯誤，但其心理是不悅的，至於粗暴的批評，更是一種適得其反的做法。為此，對中小學生逆反心理的調適採用少些批評多些鼓勵、少些訓斥多些讚美，不啻是個好辦法。

心理學大量的經典研究表明，探究周圍世界的未知事物，是人類普遍的行為反應，是人在長期生物進化中形成起來的具有生物意義的穩定需要。對一件事物作不說明原因的簡單禁止，會使這件事物有區別於其它事物的特殊吸引力，使人自然地將更多的注意轉移到這件事物上。

另外，沒有得到解釋的禁止會引發起各種推測和假設。當人們對禁止感到理由不充分時，人們就找不到充分理由來遏止自己的探究欲望，從而心理平衡會朝違反禁止的方面傾斜，使人傾向於做出「偷吃禁果」的行為。

因此，要求人們做什麼或不做什麼，必須說明理由。倘若宙斯給潘朵拉盒子時，告訴她盒子裡裝的是人類的罪惡，想必潘朵拉是不會打開盒子的，反之，倘若不加說明和解釋，或說明和解釋不能為人們所領會，光發出「禁止」，那麼，禁止的結果必然引起人們各種各樣的疑慮、揣度、猜測，並為探究為什麼不許做而跨越禁區，結果適得其反。

3・布里丹毛驢效應

——在決策過程中猶豫不決，只能錯失良機

布里丹是大學教授，他證明了兩個相反而又完全平衡的推力下，要隨意行動是不可能的。他舉的實例就是一頭驢在兩捆完全等量的草堆之間是完全平衡的。既然驢無理由選擇吃其中哪一捆草，那麼它永遠無法作出決定，只得最後餓死。

故事是這樣的——

布里丹養了一頭小毛驢，他每天要向附近的農民買一堆草料來餵它。

這天，送草的農民出於對哲學家的景仰，額外多送了一堆草料放在旁邊。這下子，毛驢站在兩堆數量、品質和與它的距離完全相等的乾草之間，可為難壞了。它雖然享有充分的選擇自由，但由於兩堆乾草價值相等，客觀上無法分辨優劣，於是

它左看看，右瞅瞅，始終無法分清究竟選擇哪一堆好。

於是，這頭可憐的毛驢就這樣站在原地，一會兒考慮數量，一會兒考慮品質，一會兒看看顏色，一會兒猜猜新鮮度，猶猶豫豫，來來回回，在無所適從中活活地餓死了。

那頭毛驢最終之所以餓死，導致它最後悲劇的原因就在於它左右都不想放棄任何一邊，不懂得如何決策。人們把這種決策過程中猶豫不定、遲疑不決的現象稱之為「布里丹毛驢效應」。

俗話說：「魚和熊掌不可兼得」。「布里丹效應」產生的根源之一，恰恰是違背這條目標定律，既想得到魚，又想得到熊掌，其行為結果是魚和熊掌皆失。這種思維與行為方式，表面上看是追求完美，實際上是貽誤良機，是在可能與不可能、可行與不可行、正確與謬誤之間錯誤地選擇了後者，是最大的不完美。

每個人在生活中經常面臨著種種抉擇，如何選擇對人生的成敗得失關係極大，因而人們都希望得到最佳的結果，常常在抉擇之前反復權衡利弊，再三仔細斟酌，甚至猶豫不決，舉棋不定。但是，在很多情況下，機會稍縱即逝，並沒有留下足夠的時間讓我們去反覆思考，反而要求我們當機立斷，迅速決策。如果我們猶豫不決，就會兩手空空，一無所獲。

在蒲松齡的中有這樣一則故事：兩個牧童進深山，入狼窩，發現兩隻小狼崽。他倆各抱一隻分別爬上大樹，兩樹相距數十步，片刻老狼來尋子。一個牧童在樹上掐小狼的耳朵，弄得小狼嗷叫連天，老狼聞聲奔來，氣急敗壞地在樹下亂抓亂咬。此時，另一棵樹上的牧童擰起了小狼的腿，這隻小狼也連聲嗷叫，老狼又聞聲趕去，就不停地奔波於兩樹之間，終於累得氣絕身亡

這隻狼之所以累死，原因就在於它企圖救回自己的兩隻狼崽，一隻都不想放棄。實際上，只要它守住其中一棵樹，用不了多久就能至少救回一隻。

這隻狼之所以累死，是因為它犯了一個錯誤，那就是布里丹毛驢效應。更為可悲的是，它不僅在實質上，而且在形式上也完整地再現了這一效應的形成過程。

在我們每一個人的生活中也經常面臨著種種抉擇，如何選擇對人生的成敗得失關係極，因而人們都希望得到最佳的抉擇，常常在抉擇之前反復權衡利弊，再三仔

細斟酌，甚至猶豫不決，舉棋不定。但是，在很多情況下，機會稍縱即逝，並沒有留下足夠的時間讓我們去反覆思考，反而要求我們當機立斷，迅速決策。如果我們猶豫不決，就會兩手空空，一無所獲。

有個農民的妻子和孩子同時被洪水沖走，農民從洪水中救起了妻子，不幸孩子被淹死了。對此，人們議論紛紛，莫衷一是。有的說農民先救妻子做得對，因為妻子不能死而復生，孩子卻可以再生一個；有的卻說農民做得不對，應該先救孩子，因為孩子死了無法復活，妻子卻可以再娶一個。

一位記者聽了，也感到疑惑不解，便去問那個農民，希望能找到一個滿意的答案。想不到農民告訴他：「我當時什麼也沒有想到，洪水襲來時妻子就在身邊，便先抓起妻子往邊上游，等返回再救孩子時，想不到孩子已被洪水沖走了。」

「布里丹毛驢效應」是決策之大忌。當我們面對兩堆同樣大小的乾草時，或者「非理性地」選擇其中的一堆乾草，或者「理性地」等待下去，直至餓死。前者要求我們在已有知識、經驗基礎上，運用直覺、想像力、創新思維，找出盡可能多的方案進行抉擇，以「有限理性」求得「滿意」結果。

那麼我們該探討出什麼可以解決「布里丹毛驢效應」的辦法呢？

一、穩健決策

有一個流傳很廣的笑話說：齊國有個女孩，兩個人同時來求婚。東家的兒子很醜但是家財萬貫，西家的兒子相貌英俊但是很窮。那女孩的父母不能決定選誰，就去問他們的女兒想嫁給哪個。女孩不好意思說話，母親就說，你想嫁哪個就露出哪邊的胳臂。結果女孩露出兩個胳臂。母親奇怪地問她原因，女孩說：「我白天想在東家吃飯，晚上想在西家住。」

在東家吃飯在西家住，看上去是一個笑話，但卻不失為了一種穩健的決策取向。在很多情況下，當一種趨勢出現時，有些人一個勁地陷入哪個好哪個壞的爭論之中，事實上沒有這個必要，只要沒有明確的兩者擇一的必要，就不必太早決策。

二、獨立思考

不能獨立思考，總是人云亦云，缺乏主見的人，是不可能做出正確決策的。如果不能有效運用自己的獨立思考能力，隨時隨地因為別人的觀點而否定自己的計畫，將會使自己的決策很容易出現失誤。

從前，有兄弟兩個看見天空中一隻大雁在飛，哥哥準備把它射下來。說：「等我們射下來就煮著吃，一定會很香的！」這時，他的弟弟抓住他的胳膊爭執起來：「鵝煮著才會好吃，大雁要烤著才好吃，你真不懂吃。」哥哥已經把弓舉起來，聽到這裡又把弓放下，為怎麼吃這隻大雁而猶豫起來。就在這時，有一位老農從旁邊經過，於是他們就向老農請教。老農聽了以後笑了笑說：「你們把雁分開，煮一半烤一半，自己嘗一嘗不就知道哪一種方法更好吃了？」

哥哥大喜，拿起弓箭再回頭要射大雁時，大雁早已無影無蹤了，連一根雁毛都沒有留下。

三、決策紀律

一個越國人為了捕鼠，特地弄回一隻擅於捕老鼠的貓，這隻貓擅於捕鼠，也喜歡吃雞，結果越國人家中的老鼠被捕光了，但雞也所剩無幾，他的兒子想把吃雞的貓弄走，作父親的卻說：「禍害我們家中的是老鼠不是雞，老鼠偷我們的食物咬壞我們的衣物，挖我們的牆壁損害我們的傢俱，不除掉它們我們必將挨餓受凍，所以必須除掉它們！沒有雞大不了不要吃罷了，離挨餓受凍還遠著哩！」

利與弊往往是事情的一體兩面，很難分割。有的人明明事先已經編制了能有效抵禦風險的決策紀律，但是一旦現實中的風險牽涉到自己的切身利益時，往往就不容易下決心執行了。很多股民在處於有利狀態時會因為賺多賺少的問題而猶豫不決，在處於不利狀態時，雖然有事先制定好的止損計畫和止損標準，可常常因為最終使自己被套牢。

四、目標合理

不要總是試圖獲取最多利益。過高的目標不僅沒有起到指示方向的作用，反而由於目標定得過高，帶來一定心理壓力，束縛決策水準的正常發揮。事實上多數環境中，如果沒有良好的決策水準做支撐，一味地追求最高利益，勢必將處處碰壁。

而且，很多人不瞭解儘快停損的重要性，當情況開始惡化時，依然緊抱著飄渺的構想，無法客觀分析狀況，以賭徒的心態，盲目堅守以致持續深陷，直至無法挽回的地步。這時平衡的心態往往更重要。

有個人佈置了一個捉火雞的陷阱，他在一個大箱子的裡面和外面撒了玉米，大箱子有一道門，門上繫了一根繩子，他抓著繩子的另一端躲在一處，只要等到火雞進入箱子，他就拉扯繩子，把門關上。有一次，十二隻火雞進入箱子裡，不巧一隻溜了出來，他想等箱子裡有十二隻火雞後，就關上門，然而就在他等第十二隻火雞的時候，又有二隻火雞跑出來了，他想等箱子裡再有十一隻火雞，就拉繩子，可是在他等待的時候，又有三隻火雞溜出來了，最後，箱子裡連一隻火雞也沒剩了。

五、審時度勢

在不利環境中不能逆勢而動。當不利環境造成損失時，很多人都會急於彌補損失。但是，環境的變化是不以人的意志為轉移的。當環境變壞，機會稀少的時候，如果強行採取冒險和激進的決策，或頻繁的增加操作次數，只會白白增加投資失誤的概率。

美國通用電氣公司總裁傑克．威爾許把決策能力看成是「面對困難處境勇於作出果斷決定的能力」，看成是「始終如一執行的能力。」因此，決策具有複合性，是一種合力，我們必須從自己的洞察力、分析能力、直覺能力、創新能力、行動能力和意志力等方面進行不斷地訓練，在不斷地失敗與成功之間，我們才能夠不斷地擺脫猶豫不決，進行相對理性的選擇，才不會成為布里丹的驢子！

「布里丹毛驢效應」啟示，只要把眼前的機會抓住了，把手頭的事情辦好了，就意味著勝利，意味著成功。與其在那裡好高騖遠設計，絞盡腦汁地編織出一個又一個方案，不如面對現實，抓住機會，竭盡全力，把眼前最重要的事情辦好。

4．旁觀者效應

——旁觀者愈多，伸出援手救急的人愈少

有一天，小可下班，在回家的途中遇到了一個十字路口，而這時交通號誌轉為紅燈，於是小可停了下來等紅燈，看了看周圍，想著會不會是因為下班、下課時間，所以人潮眾多，許多學生有說有笑的走在一起，還有一些情侶在曬恩愛，小可想說趁等紅燈的時間，拿起手機來滑了一下。突然，「碰！」一聲巨響，小可抬頭一看，發現前方有兩台摩托車相撞，摩托車騎士雙雙倒地，這時小可感到驚嚇，並看了一下周圍的人群，大家似乎都對於目前的景象而愣住了，小可認為既然這麼多人，應該有人會幫忙吧？於是沒想太多就過了馬路。回家後，小可想到剛才車禍的畫面，不禁苦惱地說：「不知道剛才那兩個人有沒有怎樣？有沒有人幫他們叫救護車啊？我那時候是不是應該要去幫忙他們一下呢？」

不知道大家有沒有類似的經驗，目睹了一個緊急事件，發現他人需要幫助，但是想說當時有很多其他人在場，於是並沒有給予他人幫助，事後想起這件事時，會有點後悔為什麼當時沒有幫助那個人，而這個現象其實是心理學理論中經典的——旁觀者效應。

「旁觀者效應」源自於一九六四年紐約街頭的一場謀殺案，根據報導，當時有三十八位目擊者，但卻沒有一個人伸出援手，或幫忙打電話報警，這件事情震驚了當時社會。

當時《紐約時報》一位記者在凶殺案發生（三月十三日）後的兩個星期（三月二十七日）報導了這個事件，在頭版頭劈頭就下了個非常煽情的標題：「三十八人目擊謀殺發生卻沒有報警，皇后區女性被殺事件反映的冷漠無情，震驚警界！」

文中的敘述更是令人毛骨悚然：「將近有半個小時，住在皇后區的三十八位平日道貌岸然、奉公守法的紐約市民，隔窗觀看一名年輕女子在街上被三次追殺，他們在房裡講話的聲音以及偶爾在臥房開燈的亮光把凶手給嚇跑了，但凶手很快又跑回來追上那名女子，再次舉刀殺人。凶手一再動手的期間，沒有一位市民打電話報警，只有在女子被殺死之後，才有一個人以電話報警。」

《紐約時報》一名編輯根據這個敘述寫了一本書，叫做《三十八位目擊者》！因為凱蒂案，加上三十八位冷漠無情的目擊者，紐約再次被證實是個毫無人情味，到處有罪犯的邪惡的「冷血之都」。這也更增強了生活在擁擠的大都會裡，會產生咫尺鴻溝的疏離感的說法了。城市必然冷漠，市民因之無情，似乎是證據確鑿，毋庸置疑！接下來重要的科學研究，就是要去找出冷漠無情的原因，這就是旁觀者效應整套理論形成的背景。也就是說，必須要為個人的價值觀及責任感，在「眾人」的場合裡突然消失的現象，找出合理化的解釋，否則當有人破壞社會秩序時，平日奉公守法的市民，居然沒有積極「護法」的表現，這不是很矛盾嗎？

就在事件發生的四十三年後，就有這三位對這件事存疑的人士，抽絲剝繭追求真相，他們對照凱蒂案的警方記錄，發現它根本是《紐約時報》記者杜撰的，查證不足下的「作品」。首先，根本就沒有那三十八位目擊者，因為兩次（只有兩次，而非三次）追殺行兇的地點，都在比較晦暗而不太能看得見的街後角，也沒有那麼

多有燈光的房間，可以數得出一共有三十八位站在窗前的目擊者；此外，並非無人報警，是有人打了電話到警察局，但接電話的警員不以為意「吃案」了！再者，當晚警察趕到時，凱蒂還沒死，只是重傷，還被送到醫院去急救，最後傷重不治。

更令人吃驚，但也值得研究者警惕的是，有一份非常仔細的報告卻給忽略了。《紐約時報》報導後，有一位對歷史研究非常有興趣的律師，他認為紐約人再壞，也不可能會如此冷血無情，一定是記者弄錯了，把平日對紐約大都會負面的刻板印象，硬套進街角隨機發生的一件謀殺案裡。他翻遍警察偵查過程中的各項筆錄，發現記者所說的故事，很多不是事實，充斥著無中生有的情節。嚴重的是，這一份報告並不難找，為什麼一九七〇年代的研究者會對之視若無睹？是因為《紐約時報》對凱蒂案的報導，讓當時的社會心理學研究者開啟了一扇非常迷人的想像空間，因此才會產生如此離譜的選擇性忽略？而隨後數十年的心理學者才會在講堂上，根據教科書的記載，一再敘述一個根本不是事實的故事？我們都變成謊言的傳播者！

接下來，我們假設當你與一群不認識的人被邀請去做實驗，你們被互相隔開，每個人都處在一個單獨的空間裡，且被要求與其他不認識的人討論一些個人問題，其中一位陌生人在談論時突然出現癲癇症狀，這時你會怎麼做呢？一九六八年達利和拉塔尼的實驗，利用這樣的情況去測量人們會花多久的時間才開，始去幫助那位出現癲癬症狀的陌生人。

他們發現當人們單獨一個人面對癲癇發作時，有85%的人會幫助這位陌生人，並且在短暫地時間內給予幫助，而若除了自己和癲癇發作者，還有另一個陌生人一起參與討論的話，前往協助癲癇發作者的機率有62%。而當還有另外四名陌生人一起參與討論的話，前去幫助這位癲癇發作者的機率降至31%，並且人們經過了較長的一段時間才給予幫助。也就是說，當在場的人數越多時，會降低給予需要幫助的機率，此外，在人們決定要給予幫助的反應時間拉長了。

達利和拉塔尼在一九八六年的另一篇研究也顯示類似地結果：當人們在等候室中面臨一陣白煙竄進居室內，若獨自一人坐在室內時報警的機率會比較高，且反應時間會較短，而當與自己一同在等候室內的人數越多時，報警的機率會下降，且會經過較久的時間才開始打電話報警。

但是，為什麼人們會袖手旁觀？

在解答這個疑惑之前先在此說明——拉塔尼提出在緊急事件中助人的五個步驟，首先我們要注意到有緊急事件，接下來，我們定義它是緊急事件，也就是認為有人迫切需要幫助；然後你要感覺到自己有責任要幫忙；並且你要知道怎麼去幫助他人，最後，你才會採取助人行動，如果中斷了其中一個步驟，則助人的行為就不會發生。了解這五個步驟後，我們在回頭來看看，為什麼當緊急事件發生時，若在場的人數越多愈不會去幫助他人，也就是旁觀者效應發生的原因。

當一個人面對緊急事件時，會覺得自己要承擔的責任很大，故會較容易採取助人行動。而當人數越多時，會出現責任分散，也就是每個人對此緊急事件的責任都降低了，於是我們會認為，若自己沒有去幫助那個人，一定有其他人會去幫忙。

此外，研究者提出人們會有人眾無知的現象，因為我們會用他人的行動來判斷這件事情緊不緊急，如果每個人都沒有行動，則我們認為這個事件並沒有那麼緊急。舉例來說，你有沒有曾經在地震發生時，打開大門看看鄰居們有沒有動靜，如果鄰居們似乎沒有任何反應，我們就會覺得這個地震好像沒有那麼嚴重，因為都沒有人慌張地跑出來，於是我們關上門，繼續回去看自己的電視。

新聞也時常有一些「旁觀者效應」的事件發生，我們看到這些新聞時，通常會謾罵「這些人怎麼那麼沒品」、「這個社會真的是有夠冷漠！」當我們了解這些原因之後，可能會比較容易了解在緊急事件的狀況下，不是因為我們沒道德，不去幫助迫切需要幫助的人，而是因為情境的因素讓我們沒有提供他人協助。

雖然如此，但確實也因為這些因素可能導致一個人的生命喪失。

所以……當我們了解了「旁觀者效應」，然後呢？

「旁觀者效應」使人們因為有責任分散、人眾無知等原因，導致當緊急事件發生時，我們沒有伸出援手。但是，想想開頭小可的故事，如果大家都認為有別人會去幫助那兩個摩托車騎士，有別人會幫忙叫救護車，或者是因為每個人對這起車禍都沒有反應，認為好像也沒有那麼嚴重，最後導致兩位摩托車騎士枉死路口，這不是一件很令人難過的事嗎？此外，如果剛好是我們需要他人協助那該怎麼辦呢？

我們現在知道了「旁觀者效應」的現象，若我們剛好遇到緊急情況，成為那位迫切地求助者，我們可以透過指定他人的協助來降低責任分散的現象，因為被指定的人，會感到重擔落在自己身上，這樣較能提高被協助的成功率，此外，當我們目睹緊急事件時，可以學習如何控制現場，來讓大家了解這是一個緊急事件。

最後，當我們知道了「旁觀者效應」，除了在緊急狀態下能自我保護之外，下次在人潮很多的地方如果遇到他人迫切需要幫助，不要再一旁觀看，請在第一時間內伸出援手吧！我們可以當那個開啟助人行動的先鋒，這樣也會使其他人不再面面相覷，願意加入救助的行列！

5．多米諾骨牌效應

——一次行為的破壞，會被無限放大

「多米諾骨牌效應」指的是一系列的連鎖反應，即「牽一髮而動全身」。

宋宣宗二年（西元一一二〇年），民間出現了一種名叫「骨牌」的遊戲。這種骨牌遊戲在宋高宗時傳入宮中，隨後迅速在全國盛行。當時的骨牌多由畜牧動物的牙骨製成，所以骨牌又有「牙牌」之稱，民間則稱之為「牌九」寓意「牌救」，牌裡面所蘊含的哲理，足以拯救蒼生以及拯救和提醒人類停止那些衝動的做法。

一八四九年8月16日，一位名叫多米諾的義大利傳教士把這種骨牌帶回了米蘭。作為最珍貴的禮物，他把骨牌送給了小女兒。多米諾為了讓更多的人玩上骨牌，製作了大量的木製骨牌，併發明瞭各種的玩法。不久，木製骨牌就迅速地在義大利及整個歐洲傳播，骨牌遊戲成了歐洲人的一項高雅運動。

後來，人們為了感謝多米諾給他們帶來這麼好的一項運動，就把這種骨牌遊戲命名為「多米諾」。到19世紀，多米諾已經成為世界性的運動。在非奧運項目中，它是知名度最高、參加人數最多、擴展地域最廣的體育運動。

從那以後，「多米諾」成為一種流行用語。在一個相互聯繫的系統中，一個很小的初始能量就可能產生一連串的連鎖反應，人們就把它們稱為「多米諾骨牌效應」或「多米諾效應」。

楚國有個邊境城邑叫卑梁，那裡的姑娘和吳國邊境城邑的姑娘同在邊境上採桑葉，她們在做遊戲時，吳國的姑娘不小心踩傷了卑梁的姑娘。卑梁的人帶著受傷的姑娘去責備吳國人。吳國人出言不恭，卑梁人十分惱火，殺死吳人走了。吳國人去卑梁報復，把那個卑梁人全家都殺了。

卑梁的守邑大夫大怒，說：「吳國人怎麼敢攻打我的城邑？」於是，發兵反擊吳人，把當地的吳人老幼全都殺死了。

吳王夷昧聽到這件事後很生氣，派人領兵入侵楚國的邊境城邑，攻占夷以後才離去。吳國和楚國因此發生了大規模的衝突。吳國公子光又率領軍隊在雞父和楚國人交戰，大敗楚軍，俘獲了楚軍的主帥潘子臣、小帷子以及陳國的大夫夏齧，又接著攻打郢都，俘虜了楚平王的夫人回國。

從做遊戲踩傷腳，一直到兩國爆發大規模的戰爭，直到吳軍攻入郢都，中間一系列的演變過程，似乎有一種無形的力量把事件一步步無可挽回地推入不可收拾的境地。在一個存在內部聯繫的體系中，一個很小的初始能量，就可能導致一連串的連鎖反應。這種現象，我們稱之為「多米諾骨牌效應」。

多米諾骨牌是一種遊戲，多米諾骨牌是一種運動，多米諾骨牌還是一種文化。它的尺寸、重量標準依據多米諾骨牌運動規則製成，適用於專業比賽。它的遊戲規則非常簡單，將骨牌按一定間距排成單行，或分行排成一片。推倒第一張骨牌，其餘發生連鎖反應依次倒下，或形成一條長龍，或形成一幅圖案，骨牌撞擊之聲，清脆悅耳；骨牌倒下之時，變化萬千。除了可碼放單線、多線、文字等各式各樣的多米諾造型外，還可充做積木，搭房子，蓋牌樓、製成各種各樣的拼圖。

多米諾骨牌是一項集動手、動腦於一體的運動。一幅圖案由幾百、幾千甚至上萬張骨牌組成。骨牌需要一張張擺下去，它不僅考驗參與者的體力、耐力和意志力，而且還培養參與者的智力、想像力和創造力。

「米諾骨牌效應」告訴我們：一個最小的力量能夠引起的或許只是察覺不到的漸變，但是它所引發的卻可能是翻天覆地的變化。這有點類似於蝴蝶效應，但是比蝴蝶效應更注重過程的發展與變化。

第一棵樹的砍伐，最後導致了森林的消失；一日的荒廢，可能是一生荒廢的開始；第一場強權戰爭的出現，可能是使整個世界文明化為灰燼的力量。這些預言或許有些危言聳聽，但是在未來我們可能不得不承認它們的準確性，或許我們唯一難以預見的是從第一塊骨牌到最後一塊骨牌的傳遞過程會有多久。

有些可預見的事件最終出現要經歷一個世紀或者兩個世紀的漫長時間，但它的變化已經從我們沒有註意到的地方開始了。

「多米諾」這個詞現已成為一個國際術語，如多米諾理論、多米諾效應、多米諾現象，指的是不論在政壇上，還是在商業領域中產生的一倒百倒的連鎖反應。

這種效應的物理原理是：骨牌豎著時，重心較高，倒下時重心下降，倒下過程中，將其重力勢能轉化為動能，它倒在第二張牌上，這個動能就轉移在第二張牌上，第二張牌將第一張牌轉移來的動能和自己倒下過程中由本身具有的重力勢能轉化來的動能之和，再傳到第三張牌上……所以每張牌倒下的時候，具有的動能都比前一塊牌大，因此它們的速度一個比一個快，也就是說，它們依次推倒的能量一個比一個大。

當年美國發生「九一一」恐怖襲擊，世貿中心的坍塌是由於上層樓板坍塌衝擊下一層樓板，導致一層一層的崩潰，最終整棟大廈坍塌。這是個典型的多米諾效應。

一九九七年7月2日泰銖大幅貶值，標志著第一張亞洲金融危機的多米諾骨牌的倒塌，這一現象很快在東南亞、東北亞國家引發了連鎖反應。金融危機的多米諾骨牌倒塌繼而從緬甸到菲律賓、從馬來西亞到印度尼西亞、從新加坡到香港、從南韓到日本。隨後衝擊波使俄羅斯成為金融危機的新震區，由此深化蔓延，範圍波及到白俄羅斯、烏克蘭、波蘭、哥倫比亞、巴西、墨西哥、委內瑞拉、智利。亞洲「流感」使美國也打了幾個「噴嚏」。

美國股市和債市大幅下挫，說明美國在這場金融危機中也不能獨善其身，「山姆大叔」也不能高枕無憂。這一連串的金融危機的多米諾骨牌的倒塌，使這些國家經濟損失慘重，甚至有的國家出現政局動蕩，影響波及擴散到全球。

另外，美國二〇〇九年的金融危機是一個「多米諾效應」，危機發端於投資公司銷售的「次級房貸」金融產品的大幅貶值。

由於金融市場對「次級房貸」產品的旺盛需求，導致銀行為許多不具備償還能力的消費者提供房貸，甚至慫恿業主將房產抵押，將貸款再次投入金融產品，從中獲利。當房屋價格升高時，投資銀行不斷按新的高價，獲得更多的貸款，償還上期的貸款。當房屋價格下挫，資金鏈條斷裂，貸款者面臨違約，還不可贖回房產，次級房貸證券也就沒有預期收益而貶值，甚至一文不值。

「多米諾骨牌效應」告訴我們：一個最小的力量能夠引起的或許只是察覺不到的漸變，但是它所引發的卻可能是翻天覆地的變化。

有些可預見的事件最終出現要經歷一個世紀或者兩個世紀的漫長時間，但它的變化已經從我們沒有注意到的時候開始了。防微杜漸，才能避免事態像多米諾骨牌一樣脫離控制、瞬間傾倒。

有一位物理學家曾經製作了一組多米諾骨牌，共13張。最小的一張牌長9.53毫米，寬4.76毫米，厚1.19毫米，還不如小手指甲大，作為第一張。然後以每張擴大1.5倍的比率，依次設計其餘12張牌。

之所以採用1.5倍這個比率，是因為按照數學計算和物理原理，一張骨牌倒下時能推倒的最大骨牌不超過自己的1.5倍。所以依次算下去，最大的第13張牌長61毫米，寬30.5毫米，厚7.6毫米，相當於一張撲克牌大小，厚度相當於撲克牌的20倍。

這位物理學家按照精確的計算，把這套骨牌按適當間距排好，輕輕推倒第一張，第二張、第三張順次倒下，當第13張骨牌倒下時，其釋放的能量比第一張牌倒下時整整擴大20多億倍。這種能量是以幾何級數的形式增長的，所以可產生巨大的力量。

這是多麼驚人的數字啊！研究者推算，如果繼續製作骨牌，當第32張牌倒下的時候，所產生的力量將足以推倒帝國大廈！

一張手指甲大小的紙牌，經過多米諾效應的傳導，竟然可以產生如此巨大的力量，不能不說是極大的震撼。這啟示著我們應注意身邊的每一件小事，因為一張小小的紙牌，也可以推倒大廈！

所以說，在工作中出現的問題，有時只是在一些小事上做的不完全到位。而恰恰是這些細節的不到位，又常常會造成較大的影響。

遠洋運輸的貨輪性能先進，維護良好，一般不會出什麼問題。但是巴西一家遠洋運輸公司的貨輪卻在海上不幸發生了大火，導致沉沒，全船人都葬身海底，後果十分嚴重。後來，事故調查者從失事海輪的遺骸中發現了一隻密封的瓶子，裡面有一張紙條，上面寫了21句話，看起來是全船人在最後一刻的留言。人們驚奇地發現，這些水手、大副、二副、管輪、電工、廚師和醫生等熟知航海條例的人，竟然私下裡幹了不少錯誤的事：有人說自己不應該私自買了檯燈，有人後悔發現消防探頭損壞時卻沒有及時更換，還有人發現救生閥施放器有問題卻置之不理，有的是例行檢查不到位，有的是值班時跑進了最後船長寫了這樣一句話：發現火災時，一切都糟透了。平時，我們每個人犯了一點點小錯誤，都沒有在意，積累起來，就釀成了船毀人亡的大禍。小的漏洞沒有堵住，最終可以導致一艘性能良好的海輪沉沒，同樣可以毀掉一個本來運轉良好的公司！

「多米諾效應」也提示我們在管理上必須發現小毛病，防止大災難。

6．醞釀效應

——各種事物積累變化的過程

「醞釀效應」就是當有時候我們想盡力去解決一個複雜的或者需要創造性思考的問題時，無論多麼努力，還是不能解決問題。在這種時候，暫時停止對問題的積極探索，可能就會對問題解決起到關鍵作用，這種暫停就是「醞釀效應」。醞釀效應來自於古希臘阿基米德實驗中對浮力定律的發現，具有非邏輯性和自發突變性的特點。

在古希臘，國王讓人做了一頂純金的王冠，但他又懷疑工匠在王冠中摻了銀子。可問題是這頂王冠與當初交給金匠的一樣重，誰也不知道金匠到底有沒有搞鬼。國王把這個難題交給了阿基米德。阿基米德為瞭解決這個問題冥思苦想，他起初嘗試了很多想法，但都失敗了。有一天，他去洗澡，坐進了澡盆之後，注意到了水往外溢的情況，同時感覺身體被輕輕地托起，他突然恍然大悟，運用浮力原理解決了問題。後來也有人將這浮力原理稱作「阿基米德原理」。

不管是科學家、還是是一般人，在解決問題的過程中，我們都可以發現「把難題放在一邊，放上一段時間，才能得到滿意的答案」這一現象。心理學家將其稱為「醞釀效應」——阿基米德發現浮力定律就是醞釀效應的經典故事。

心理學家認為，在醞釀階段中，存在潛在的意識層面推理，儲存在記憶裡的相關信息在潛意識裡組合，人們之所以在休息的時候突然找到答案，是因為個體消除了前期的心理緊張，忘記了個體前面不正確的、導致僵局的思路，具有了創造性的思維狀態。

後來有心理學研究者發現「醞釀效應」在無意識加工觀點上，不支持疲勞緩解理論、間斷性有意識加工以及良性遺忘理論。通常情況下都是內在任務與目標任務不相似會促進創造性任務的醞釀效應。當目標任務是發散性創新任務的情況下，內在任務與目標任務激發對發散性任務的新穎性維度的醞釀效應起到促進作用；而思維方式上的不同主要是對發散性任務的流暢性維度的醞釀效應起到促進作用。而當目標任務是聚合性創新任務時，只有內在任務和目標任務的思維方式不一致，才會對其醞釀效應起到促進作用！

即「醞釀效應」主要體現在創造性解決問題。因此，如果你面臨一個難題，不妨先把它放在一邊，去做別的事或去和朋友散步、喝茶，或許答案真的會不經意之間顯現出來。

美國心理學家西爾維拉曾在一九七一年設計過一個實驗，用來驗證醞釀效應的作用。他邀請了三組被試來參加這個實驗，每組被試的性別、年齡和智力水平都大致相同。

這三組被試需要完成同一道題目：每個人手中一共有4條小鏈子，每條鏈子上又有3個環，每打開一個環需要花費2分錢，封閉一個環需要3分錢。假設開始的時候所有環都是封閉的，被試們需要在花費不超過15分錢的情況下，把12個環都連接成大鏈子。

他要求第一組用半小時來思考問題，中間不能休息；

第二組先思考15分鐘，然後休息半小時，再回來思考15分鐘；

第三組先思考15分鐘，然後休息四個小時，再回來思考15分鐘。

結果發現，第一組被試中只有55%的人答對了問題，第二組有64%的人答對了問題，第三組有85%的人答對了問題。實驗證明，醞釀效應的確能夠有效幫助人們處理困難、複雜的創造性問題。

從醞釀效應的表現形式和思維的本質特徵來看，直覺思維具有非邏輯性和自發性兩個特徵。

首先，它既不表現為演繹的推理形式，又不表現為歸納邏輯，也表現不出其他的規律性。它不受邏輯規律的約束，往往超越邏輯程式而直接作出結論。它的非邏輯性特點常常表現為：

（一）不可解釋——當一個問題從百思不得其解的長期困擾，到突如其來的領悟理解，這一具體過程是意識不到和難以說明的，如數學家高斯在證明一個算術定理時，折磨了他二年之久，後來一個突然的想法使獲得成功。他回顧說：「像閃電一樣，謎一下解開了，我也說不清楚是什麼導線把我原先的知識和使我成功的東西聯結了起來。」

（二）邏輯程式的高度簡縮——有兩種情形，一種是原有邏輯程式的簡化和壓縮，另一種則是「違反」了那種邏輯程式。這就是說，直覺思維忽略了邏輯推理進程的細節過程，越過了許多中間環節，但把握住了個別的、最重要的環節，特別是最終的結論。

（三）綜合性——思維者不著眼於細節的邏輯分析，而是從整體上來把握對象。

其次，醞釀效應是一種突發性的創造活動，一般是在對問題冥思苦想之後，在出其不意的時間或狀態下突然發生，因而表現為思維運動的突然飛躍，自發性是其又一基本特徵，體現突發、突變和突破的特點。

俄國化學家門捷列夫發現元素周期律的決定性觀念，就是在他提著箱子準備上火車之際突然閃現的；德國著名數學家希爾伯特長期未解出的一個數學難題，據他說也是在一次看戲時突然領悟的。

「醞釀效應」是一種有非邏輯性和自發突變性的創造活動，它往往是一種突破性的創造活動，它不受形式邏輯的約束，能打破常規思路，產生驚人的成果突破和方法突破。它提示：當我們對一個問題進行研究，在搜集了充分的資料並且經過深入探索仍然難以找到答案時，不應一條路走到黑，而應把對該問題的思考從心中暫時拋開，轉而想別的事情，或乾脆到外面旅遊幾天，不去碰任何工作，等待有價值的想法、心象的自然醞釀成熟並產生出來。

之所以如此，是因為拋開對問題的思索後，也就擺脫了長期的精神緊張，但頭腦中搜集到的資料是不會消極地儲存在那裡的，它在按照一種所不知道的、或很少意識到的方式進行著加工和重新組織，進而產生了新的想法。我們平時所說的「靈光乍現」或者「恍然大悟」。事實上就是經過這樣一個醞釀的階段之後，才突然出現的智慧火花。

在醞釀期間，個體雖在意識中終止瞭解決問題的思維過程，但其思維過程並沒有完全終止，而仍然在潛意識中斷斷續續地進行著。通過醞釀，最近的記憶和已有的記憶被整合在一起，弱化了心理定勢的效應，並容易激發比較遙遠的思維線索，因而容易重構出新的事物，產生對問題的新看法，使問題得以順利解決。

德國化學家凱庫勒長期從事研究苯分子結構，但對苯分子中原子的結合方式百思不得其解。一八六四年冬的一天晚上，他在火爐邊看書時，不知不覺打起瞌睡，做起了夢。這個夢也是一個化學史上最著名的夢，解開了苯分子結構的秘密，凱庫勒如此描述：「夢裡原子在我眼前飛動：長長的隊伍，變化多姿，靠近了，連結起來了，一個個扭動著，迴轉著，像蛇一樣。看那是什麼？一條蛇咬住了自己的尾巴，在我眼前輕蔑地旋轉。我如同受了電擊一樣，突然驚醒。那晚我為這個假設的結果工作了整夜，這個蛇形結構被證實是苯的分子結構。」

這位化學家並不知道，他在這個研究的過程中所運用的，是心理學上的「醞釀效應」，這和前面所提到的阿基米德苦思王冠的重量而不得解，想不到卻在澡盆中豁然發現一樣，都是醞釀所產生的結果。

第五章

千古不變的因果定律

I・因果定律

——任何事情的發生都不是偶然的

世界上沒有一件事會是偶然發生的，每件事的發生必有其原因，才會有結果，這是宇宙的最根本定律。

人的命運當然也遵循這個定律。認同因果定律的不僅是道教、佛教，還有基督教等。古希臘哲學家蘇格拉底和大科學家牛頓等人，也認為這是宇宙最根本定律。人的思想、語言和行為，都是「因」，都會產生相應的「果」。如果因是好的，那麼果也是好的；如果因是壞的，那麼果也是壞的。人只要有思想，就必然會不斷種因，種善因、還是惡因，由人自己決定。

「因果定律」說明，發生在你生活中的任何一件事物的結果，必定有一個或多個與其相伴而生的原因，簡單說就是人們每天都生活在因果定律之中。從天體運行、四季輪迴，到小河叮咚、大地回春；從花草樹木、魚蝦成群，到紅杏枝頭、山巒疊起……這一切都和因果定律息息相關，也可以說是因果定律運行的結果。

佛教特別重視「因果」。「六道輪迴」就是因「因果」而起，沒有了因果「六道輪迴」也就不存在了。佛教有「凡夫畏果，菩薩畏因」之說，就連菩薩都怕「因果」，何況我們凡人。站在佛教的立場看：要知前世因，今生受者是；要知後世果，今生作者是。「因果報應，真實不虛」絕對無疑。

站在現代科學的角度看：因果報應，同樣也是真實不虛。現代物理學證明：作用力和反作用力大小相等，方向相反。如果我們把作用力當作「因」，那麼反作用力就是「果」。任何一個事物（人），只要他發出了作用力這個「因」，就一定會受到一個與作用力大小相等的「反作用力」的「果」的影響（報應）。一個人一頭撞向牆壁（等於做了一件事），牆壁受到了多大的「作用力」，這個人同樣就會受到多大的反作用力（頭疼痛或受傷就是果）。頭撞牆的力度越大，頭受傷害的程度也就越大。這是一種看起來「速報」的因果報應。

有的人一生獲得無數次成功，有的人連一次成功的滋味都沒嘗過。你是否想過為什麼會出現這種截然不同的結果？失敗的人抱怨自己的運氣差，甚至將其推脫給客觀條件或外在因素；成功人士在總結經驗時，經常要提到自己的聰明才智和好運氣，但同時也強調了重要的一點——吃得苦中苦，方為人上人，這是多麼重要的一點，它有力地向人們詮釋了因果定律的關係。

任何一種結果的出現都不是偶然的，如果你像那些成功人士一樣，曾經做了大量卓有成效的工作，那麼你必定會得到和成功人士同樣的結果，這沒什麼奇怪，也不是好運光顧你，這只不過是因果定律發揮了作用。

每個人都嚮往成功與輝煌，那麼人們究竟該怎樣做才能獲得這樣的碩果呢？當你環顧生活中的各個方面，你會發現健康、收入、業績、事業、家庭、各種人際關係……你目光所能及的一切，都是過去耕耘的因所帶來的果。

「一份耕耘，一分收穫。」這是人的努力運作的必然衍生的結果。只有辛勤耕耘、矢志不移的人，才能得到應有的尊重、地位、名利和成功。了解這個道理後，相信那些失敗的人在抱怨自己運氣差的同時，一定也會總結一下自己曾經的付出是不是應該給自己更多的收穫。

「善有善報，惡有惡報」，這在很大程度上是因果定律的例證。比如說，一個人做了一件好事，贏得了別人的好感和感激，當其有困難時，自然就容易獲得別人的幫助；相反，一個人做了一件壞事，損害了別人的利益，別人很可能會對其心生惡意，說不準哪天報復，即使不報復，風水輪流轉其總有落難之時。善人即使生前沒有得到褒獎，可其問心無愧，死後歷史也終會給予一個名留青史的評判；惡人即使生前逃過了懲罰，可其問心有愧，死後歷史也終會給予一個遺臭萬年的評判。

所以，正確的心態應該是不管命運好也罷，壞也罷，只管積極專注於，調整好，做好當下的思想，語言和行為，則命運會在不知不覺中向好的方向發展。隨之而來的就是心的通透，人生路的通達。

以下是國學大師南懷瑾的哲思——因果，千古不變的定律！

人生的遭遇，一切各有因果，不怨恨他人，也不羨慕他人。——《列子臆說》

真正的佛學講因果報應並不是迷信的話，而是一句很科學的話。你昨天罵了人家，當時人家對你笑笑，心裡已經有了仇恨，有機會他一定會報答你的，不會客

氣。這就是因果，這就叫做業。——《小言黃帝內經與生命科學》

佛學的基本是建立在六道輪迴、三世因果上，但是據我幾十年的經驗所知，學佛學道的人，沒有幾個真正相信六道輪迴，更沒有人相信三世因果，至少沒有絕對的相信。這並不是迷信，至少在理論上搞得清楚的人沒有，至於事實上求證到的更是沒有。這些都是值得大家反省的地方。因為不相信六道輪迴、三世因果，所以你學禪也好，學密宗也好，學淨土也好，根本基礎上是錯誤的，等於想在沙灘上建房子一樣，是不可能的事情。——《如何修證佛法》

中國文化處處講因果，這因果的觀念並不是印度佛教傳入中國以後，才開始確立，並普遍被社會套用在語言文字上。我們的《易經》老早就有這種思想，如「積善之家，必有餘慶；積不善之家，必有餘殃。」至於孟子，這裡所引用的「出乎爾者，反乎爾者也。」同樣是因果報應的觀念。——《孟子旁通》

從形而上哲學的觀點上講，大自天下國家的政治，小至家庭個人的處事，真正的善惡是非，是因時因地為準，很難下定論。因為時間和空間的轉變，是非善惡，也有所顛倒。但只有因果的定律，是絕對肯定的，乃至唯物世界的一切科學法則，也不能違背因果律的原則。……

因果定律的存在，無論唯物、唯心，都是同樣的事實……我們先看一看清朝的開國之初，所謂「太祖」高皇帝努爾哈赤，在他開國稱帝的第四年，親征原屬蒙古後裔的葉赫族，盡滅其國。葉赫族貝勒金台石率妻子登所居高台，寧死不投降，而且發誓，只要葉赫族有一人在，即使是女的，也必報此恨。因此，清朝兩百多年，遵守祖制，絕不娶葉赫族的女子做后妃。但到了奕詝即位，年號咸豐的時代，葉赫族的後裔，就是「清史」有名的「慈禧太后」那拉氏（葉赫族原為納喇氏，音譯不同），偏又入宮成了貴妃，又生了兒子，即六歲就接位的同治，只做了十三年的皇帝，十九歲便死了。以後便開始由慈禧策劃，名為兩宮皇太后的懿旨，立了光緒。實際上，就是慈禧專政，一直到把清朝徹底毀滅，就是她一手所造成的後果。

這是巧合，或是前因的反覆，就很難論斷了，但卻是一樁真實的歷史故事，並非虛構的……

循環反覆的因果定律，正如《易經》泰卦爻辭所說的「無平不陂，無往不復」的道理。「為政」果然如此，做人做事，何嘗不是如此。這也就是曾子所說「言悖而出者，亦悖而入」、「貨悖而入者，亦悖而出」的道理。

——《原本大學微言》

沒有因果關係，這個世界一切都不成立，法律、政治、經濟、醫藥、建築、飲食男女，統統都在因果關係中。天主教、基督教、回教也講報應，做好事的人上天堂，做壞事的人下地獄。那麼，因果誰作主的？誰判定讓你得到報應？佛教不承認有人審判你的罪，判你下地獄上天堂。為什麼不承認？因為這是因果的道理，是個大科學，上天堂下地獄，六道輪迴，三世果報，都是我們自主的。我們學佛，是要認識生命自主的東西，這個自主不是你現在想作主就做得到的，所以修行的重點在這裡。

——《人生的起點和終站》

一切因緣生，緣起性空。既然性空，我何必學佛呢？有一樣東西也不空也不有，「善惡之業亦不亡」。既然無我無造無受者，那你說：我不妨作惡吧？不是教條禁止你，是業力不失！你說：空了還有什麼業力？有空的業！空就是因緣，就是因果；空為因，所得的果報是清淨……

當年我在成都，成都文殊院的方丈給我一個帖子，請我這晚輩吃素齋。這很嚴重，我就趕快去請教我的老師，老師說他也收到了帖子，方丈要審問你！聽說你年輕悟道了，要公審你，一共有六桌人，都是老和尚，你去嗎？我說，當然要去了，充其量殺頭，何況和尚是不開殺戒的。

到那一天吃飯時，都沒事，方丈很客氣，讓我坐最高位，連我的老師都坐在下座。飯吃完了，老和尚讓我講話，這一下開始了，所有在座的都可以提問，還好，我都能應付。最後老和尚問了個問題：

「證無生法忍是不是證得空性？」我答：是的。

「那空了還有沒有因果？」我說：當然有。

「空怎麼有因果？」我說：空是因，涅槃是果。

老和尚聽了就坐下來，不再說話了。這才終於通過了，老和尚是慈悲的，他怕我悟了空性就「撥無因果」，那是很嚴重的。可是真正的悟到空，因果卻更明顯了。為什麼？你真空了，只要有一點東西就看得更清楚。凡夫眾生因為不空，對因緣果報反而看不清楚，被染污擋住了。所以古人說，學般若的空宗菩薩如「冰稜上走，劍刃上行」，在冰凍的山稜上走，以及踏著刀鋒走，都是很危險的，一有不慎，一念之間不防，就下去了。管你學得是什麼菩薩境界，照樣是六道輪迴。

——《維摩詰的花雨滿天》

2・費斯汀格法則

——生活中有90%的事情都是可以掌控的

美國社會心理學家費斯汀格有一個很出名的研究結論，被人們稱為「費斯汀格法則」：即生活中的10%是由發生在你身上的事情組成，而另外的90%則是由你對所發生的事情如何反應，所決定。

也就是說人們對事物的一系列反應來自於對自己情緒的管控和對事件的認知。

打個比方：老張早上起床洗漱時，隨手將自己名牌手錶放在洗漱台邊，妻子怕被水淋濕了，就隨手拿過去放在餐桌上。兒子起床後到餐桌上拿麵包時，不小心將手錶碰到地上摔壞了。

老張疼愛手錶，就照兒子的屁股揍了一頓。然後黑著臉罵了妻子一通。妻子不服氣，說是怕水把手錶打濕。老張說他的手錶是防水的。

於是，二人猛烈地鬥嘴起來。一氣之下老張早餐也沒有吃，直接開車去了公司，快到公司時突然記起忘了拿公文包，又立刻轉回家。

可是家中沒人，妻子上班去了，兒子上學去了，老張鑰匙留在公文包里，他進不了門，只好打電話向妻子要鑰匙。

妻子慌慌張張地往家趕時，撞翻了路邊水果攤，攤主拉住她不讓她走，要她賠償，她不得不賠了一筆錢才擺脫。

待回家拿到公文包後，老張已遲到了15分鐘，挨了上司一頓嚴厲批評，他的心情壞到了極點。下班前又因一件小事，跟同事吵了一架。

妻子也因早退被扣除當月全勤獎，兒子這天參加棒球賽，原本奪冠有望，卻因心情不好發揮不佳，第一局就被淘汰了。

在這個事例中，手錶摔壞是其中的10％，後面一系列事情就是另外的90％。

有人可能會說：「但我就是控制不住情緒啊，氣頭上什麼話都能說出來，過後自己也覺得不該這樣。」

這就是我們自己的心態問題，遇事急躁不冷靜！而且情緒會影響到別人。

試想，老張在那10％產生後，假如換一種反應。比如，他撫慰兒子：「不要緊，兒子，手錶摔壞了沒事，我拿去修修就好了。」這樣兒子高興，妻子也高興，他本身心情也好，那麼隨後的一切就不會發生了。

可見，你控制不了前面的10％，但完全可以通過你的心態與行為決定剩餘的90％。

所以，當事情發生了不如意時，我們應如何處置：

不要急著為自己辯解，先努力了解對方的真實意圖，設法從對方的角度看問題。如果對方貶低你，給你貼標籤，那就問問他具體是什麼意思——你做了哪些讓他不滿的事情？這讓他產生了怎樣的感受？

這個步驟可以幫助你將討論的重點轉移到具體事件上，用解決問題的態度展開理性的討論。

不管對方怎麼指責你，先不要反駁，想方設法認同他的部分觀點，這樣對方通常會很快平靜下來。

哪怕你覺得對方完全不可理喻，也要記住，他有權表達自己的憤怒。

爭吵的時候不要糾結於誰對誰錯。伯恩斯說：「只要你能平息對方的怒火，你就是勝者；而且在一般情況下，對方也會認為自己勝利了。」

同時，你可以表達自己真正的看法和感受，和對方一起探討解決方案，記住要對事不對人。如果對方還是重複指責你，在細節上死死糾纏，那就有禮有節地重複自己的回答，堅定立場，直到對方耗盡精力。

在生活中，有很多事看似互不相干，但其實它卻存著某種內在的聯繫，一個人常常會因為一個小小的舉動，不僅影響了自己，也會影響到周遭的人們。

這個法則告訴我們，當我們無法控制那10％的事情發生時，就要用良好的心態和行動去控制好另外90％的事情，這樣才能有一個比較好的結果。

無論是「蝴蝶效應」還是「費斯洛汀法則」，對我們的啟示都是難得的，那就是在生活中，不要忽視那些不起眼的小事情，要通過正確的處理，防止因小失大，防止不好的結果發生。

3．鳥籠效應

——人生要捨棄不必要的束縛

著名的心理學家威廉・詹姆斯和好友物理學家卡爾森，從哈佛大學同時退休，在家過著田園悠閒的快樂生活。

有一天，兩人打賭。詹姆斯說：「我一定會讓你，不久就會養上一隻鳥的。」卡爾森不以為然，倔強地說：「我才不信，因為我從來就沒有想過要養一隻鳥。」

過了幾天，卡爾森生日，詹姆斯送上了他的祝賀禮物——一個精緻的鳥籠。

卡爾森一眼就看穿了詹姆斯的企圖，微微地笑著說：「我就只當它是一件漂亮的工藝品，你別費勁了。」

從此以後，只要有客人來訪，看見那個空蕩蕩的美麗鳥籠，幾乎都會問：「教授，你養的鳥怎麼死了？」

卡爾森只好一次又一次地解釋說：「我從來就沒有養過鳥啊！」然而，這種回答每次換來的都是客人一副困惑不解、不相信的表情。

無奈之下，卡爾森教授只好買了一隻鳥。

這個鳥籠的主人長期對著這個空空的籠子不感到彆扭，但是來訪的客人總會驚訝地問這個空鳥籠是怎麼一回事，奇怪地看它和它的主人。時間長了，這個主人就會忍受不了解釋的麻煩，和射來的奇異目光。鳥籠會給人造成一種心理上的壓力，使他主動買來一隻鳥與籠子相配套。

有人送了一塊勞力士金錶，如果要戴上，就要配以相應的襯衫、西褲、外套、皮帶、皮鞋、領帶，皮夾子也要換成真皮的，然後眼鏡也要換金邊的。然後髮型也要打理，吃飯也必須出入更高級的餐館，開銷越來越大。

人們買到一套新住宅，總要大肆裝潢一番，鋪上大理石或原木地板，配紅木傢俱。而出入這樣的住宅，自然要有「開得出門」的車子，「穿得上身」的衣飾……

有一個女孩子挺懶，平時不注意整理房間，隨手用完東西隨手扔，整個屋子總是亂七八糟。她的男友苦勸無益。

一天，這個男孩送給她一束非常漂亮的鮮花，女孩見了，特別高興，就千找萬找地搜出來了一隻晶瑩剔透的水晶花瓶，來插花。

可是沒多久，女孩就發現，花很漂亮，花瓶也美，可是放花瓶的桌子上雜七雜八地散放著許多雜誌、報刊、小玩意兒。於是，她開始整理這些雜物，該扔掉的扔掉，該放在架上的擺放在架子上。然後呢，就是沙發、書桌、地板、床上都開始整理得井井有條。房間內看著讓人賞心悅目了，洗手間和廚房不能太邋遢了吧。於是整個家都被收拾得整潔一塵不染。

生活中，我們大可以用這種連鎖反應，給他一隻鳥籠，來迫使他人做我們希望他做的事情。

「鳥籠效應」給我們什麼樣的啟示呢？

一、看到鳥籠人們自然就會想到鳥，這就是人們的慣性思維。慣性思維是人們遵循之前固有的思路去思考問題，就像物體的運動產生的慣性。慣性思維會使人們的思想固定封閉而形成盲點，缺乏突破和創新。有時，人們需要跳出限定自己的固有思維，才能使遇到的問題迎刃而解。

二、由於厭煩被人詢問和被懷疑才買了鳥養著，人們通常太在意他人的眼光而形成心理上的壓力，生活中人們太在意他人對自己的評論和看法，並且更容易記住一些負面的東西，造成自己心靈受到打擊，可是現實是你的形象在不同人的眼裡都是不同的，所以不要太在意，應該減輕外界對自己心理上造成的壓力。

三、什麼事情都不是絕對的，你認為合理的東西不一定是對的，也許它還有另一面。所以看待事情的時候要考慮它的兩面性或者多面性，多思考，通過不同方面，會獲得不同的信息。

在一個小島上，有這樣一個悠閒的漁夫，他每天都會在海邊打魚，而且怡然自得，總是把笑容掛在臉上。

一天，一個商人來到這個小島上度假，他看到漁夫的小船上有好幾條奇怪的大魚。商人就問他要多久才能捉這麼多。

漁夫看了他一眼，開心地說：「不一會兒的時間就抓了這麼多。」

商人再問：「那你為什麼不再多抓會兒，說不定會捉到更多的魚呢？」

漁夫不以為然地說：「這些已經夠我們一家人吃了，說不定還吃不完哩！」

商人又問：「可是現在天還早啊，你剩下的時間做什麼呢？」

漁夫笑嘻嘻地說：「我的生活很簡單，每天睡覺睡到自然醒，想起來了就去海裡捉幾條魚，回到家跟孩子們在一起做做遊戲，再陪老婆看會兒電視，等到黃昏的時候，約上幾個哥們出去喝喝酒、聊聊天。就這樣，日子過得既充實又緊湊呀！」

商人聽到哈哈大笑，接著他對漁夫說：「我是美國天普大學的ＭＢＡ，我可以幫幫你！你應該這樣：每天多花幾個小時去捉魚，慢慢地，你就有錢可以換艘大船；這樣以後你就可以捉更多的魚，又可以買更多的船；然後你就能夠組建自己的漁隊，不用再賣魚給魚販子，而是直接賣給加工廠；或者你乾脆自己開家工廠，從貨源、生產、加工到銷售，全部自己承包，自己當老闆；之後，你就可以離開小漁村，搬進大城市，甚至到華府首都；到那裡後，你又可以不斷擴充自己的事業，直到你的事業越做越大。」

漁夫聽他說完都有些發睏，問道：「你這個計畫要花多長時間呢？」

商人說：「不長，十年到二十年吧！」

漁夫再問：「那然後呢？」

商人說：「然後？然後你就可以自己待在家裡，不用再操那些心。等到合適的時候，你還可以宣佈公司上市，再發行股票。那個時候，你就賺發了！要當個億萬富翁不是夢啊！」

漁夫又問：「再然後呢？」

商人很來勁地說：「再然後你就可以退休了！到那個時候，你就可以每天睡覺睡到自然醒，想起來了就去海裡捉幾條魚，回到家跟孩子們在一起做做遊戲，再陪老婆看會兒電視，等到黃昏的時候，約上幾個哥們出去喝喝酒、聊聊天囉——這樣是不是很愜意啊。」

漁夫告訴商人：「喏！我現在不正是你說的那個樣子麼？」

商人和漁夫的故事已經成了我們耳熟能詳的典故，但又有多少人能擁有漁夫的心懷呢？在生活面前，我們對物質總有著無止境的需求，但是，我們未必在心靈上有著相應的滿足，重要的是，什麼才是我們最需要的，其他的達到條件就足夠了。放棄一棵樹，就會得到一片森林，也是這個道理。

因為生命的短促，我們更要懂得放下。

放下手中的工作，給很久不聯繫的朋友打個電話，問聲好；放下無休止的生意，不要怕路途遙遠，即使遠在千里也抽時間回去看看年邁的父母；放下不停休的出差，陪家人去旅行，一家人去看看外面的風景……

當你學會了放下之後，你會發現，生活會比原先擁有的更多。

「鳥籠效應」就是指人的慾望會不斷地擴張，而這份擴張的慾望，反而會把人弄得精疲力竭，讓生活變成一團亂，真是得不償失！只要懂得了「鳥籠效應」這個道理，擺脫了不必要的束縛，會讓你一輩子受用不盡。

4・刺猬效應

——人際交往中的美好距離

「刺蝟效應」是指刺蝟在天冷時會彼此靠攏來取暖，但要保持一定距離，以免互相刺傷的現象。這個比喻最早來自叔本華的哲學著作，它強調的是人際交往中的「心理距離效應」。

「刺蝟效應」的理論可應用於多種領域。在管理實踐中，就是領導者如要搞好工作，應該與下屬保持「親密有間」的關係，即為一種不遠不近的恰當合作關係，才能有效執行任務。在教育學中，教育者與受教育者日常相處只有保持適當的距離，才能取得良好的教育效果。

「刺蝟效應」來源於西方的一則寓言，說的是在寒冷的冬天裡，兩隻刺蝟要相依取暖，一開始由於距離太近，各自的刺將對方刺得鮮血淋漓，後來它們調整了姿勢，相互之間拉開了適當的距離，如此不但互相之間能夠取暖，而且很好地保護了對方的安全。

教育心理學家根據這一寓言。總結出了教育心理學上著名的「刺蝟效應」。

這一效應的原理是：教育者與受教育者日常相處只有保持適當的距離，才能取得良好的教育效果。然而在實踐中，不少老師將這「效應」誤讀了，以致教師與學生之間的距離太大，學生失去了溫暖感，產生了冷漠、疏離的感覺。因此，教師的教育效果不可能好。

刺蝟理念強調深刻思想的本質是簡單。而這也就是那些卓越的人之所以與他們同樣聰明的人區分的原因。達爾文的自然選擇：物競天擇，適者生存；愛因斯坦之於相對論：亞當·斯密和勞動分工：「看不見的手」。正是這些擁有刺蝟本質的人，將複雜的事件簡化了，使我們更加接近自我。

通過研究調查那些成功從優秀跨越到卓越的公司，吉姆·柯林斯根據刺蝟理念提出了三環理念——他發現每個實現跨越的公司的努力尋找的核心競爭能力並不是由隨意的簡單觀念堆砌，而是對以下三環交叉部分的深刻理解：

其實，將吉姆·柯林斯提出的三環理念應用於個人自我的追求，如人生目標和職業選擇同樣具有意義。以三環理念在職業選擇中的應用舉例。

當你選擇一個職業時，你是否考慮過這三環：

一、對什麼事業充滿夢想與熱情。

二、在哪方面可以達到頂尖的水準。

三、經濟引擎（績效與報酬）靠什麼來驅動。

「刺蝟法則」強調的就是人際交往中的「心理距離效應」。運用到管理實踐中，就是領導者如要搞好工作，應該與下屬保持親密關係，但這是「親密有間」的關係，是一種不遠不近的恰當合作關係。與下屬保持心理距離，可以避免下屬的防備和緊張，可以減少下屬對自己的恭維、奉承、送禮、行賄等行為，可以防止與下屬稱兄道弟、公私不分。這樣做既可以獲得下屬的尊重，又能保證在工作中不喪失原則。一個優秀的領導者和管理者，要做到「疏者密之，密者疏之」，這才是成功的用人之道。

（一）與下屬保持心理距離　通過對刺蝟法則的研究，管理專家認為：領導者應該與下屬保持密切的關係，但這是指「親密有間」的關係。為什麼呢？因為如果領導者與下屬親密無間地相處，容易導致彼此不分、稱兄道弟，在工作中喪失原則。因此，領導者應與下屬保持心理距離，既要表現出親和力，也要給人敬畏感。

（二）巧用「空間侵犯」　美學上有句名言：距離產生美。事實上，現實生活中，人與人之間如果想保持和諧相處，也需要保持一定的空間距離。一般來說，陌生人之間會保持一米以上的空間距離，這樣才會讓彼此感覺好一點。靠得太近，容易給彼此造成威脅，這種現象在心理學上叫「空間侵犯」。

（三）把握恰當的時間距離　刺蝟效應告訴我們，保持適當的距離，才能既互相取暖，又不至於刺傷對方。這裡的距離當然也包括時間距離。每個人都有屬於自己的時間，如果你無端佔用別人的時間，影響別人正常生活，是對別人的一種不尊重，還會影響你們之間的感情。比如，在對下屬運用空間侵犯的時候，如果侵犯的時間太長，會使下屬產生厭煩心理。因為總有一個人在身邊會影響下屬正常工作，這顯然對提高工作效率不利。

個人空間是相對的，它的範圍的大小由交往雙方的人際關係以及所處情境所決定。簡單地說，合適的距離取決於你和對方的親疏關係和所處環境。

人與人之間的距離由雙方的人際關係以及所處情境決定，即你和對方是什麼關係就要保持什麼樣的距離。人類學家愛德華·霍爾博士給出了清楚的解答，它將人際交往劃分了四種區域或距離，各種距離都與雙方當下的關係相稱。

在人際關係心理學中，指出了以下四種人與人之間的距離：

一、親密距離

這是人際交往中的最小間隔或幾無間隔，即我們常說的「親密無間」，其近範圍在15釐米之內，也就是我們常說的「觸手可及」，彼此間可能肌膚相觸，耳鬢廝磨，以至相互能感受到對方的體溫、氣味和氣息；遠範圍也僅是15釐米到44釐米之間，面對面能夠清楚地看見對方的表情和眼神，身體上的接觸可能表現為挽臂執手，或促膝談心，仍體現為親密友好的人際關係。

二、個人距離

這是人際交往中稍有分寸感的距離少有直接的身體接觸。近範圍距離為46～76釐米之間，相當於兩臂的距離，僅能保證相互親切握手，友好交談。這是與熟人交往的空間。如果與素昧平生的人保持這種距離，就會構成對別人的侵犯。遠範圍是76～122釐米。任何人都可以自由地進入這個空間，不過，熟人之間保持的距離更靠近遠範圍的近距離一端，而陌生人之間談話則更靠近遠範圍的遠距離一端。

三、社交距離

這已完全超出了親密或熟人的人際關係，而是體現出一種社交性或禮節上的較正式關係。近範圍為1.2～2.1米，相當於一個人豎躺在兩人中間的距離，一般在工作環境和社交聚會上，人們都保持這種程度的距離。社交距離的遠範圍為2.1～3.7米，表現為一種更加正式的交往關係。公司的經理們常用一個大而寬闊的辦公桌，並將來訪者的座位放在離桌子一段距離的地方，這樣與來訪者談話時就能保持一定的距離。如企業或國家領導人之間的談判，工作招聘時的面談，教授和大學生的論文答辯等，往往都要間隔一張桌子或保持一定距離，這樣就能增添一種莊重的氣氛。

四、公眾距離

這是公開演說時演說者與聽眾所保持的距離。近範圍約3.7～7.6米，遠範圍在10米之外。這是一個幾乎能容納一切人的「門戶開放」的空間，人們完全可以對處於空間的其他人「視而不見」，多用掃視，少有注視，因為相互之間未必發生一定聯

繫。因此，這個空間的交往，大多是當眾演講之類，當演講者試圖與一個特定的聽眾談話時，他必須走下講臺，使兩個人的距離縮短為個人距離或社交距離，才能夠實現有效溝通。

顯然，相互交往時空間距離的遠近，是交往雙方之間是否親近、是否喜歡、是否友好的重要標誌。因此，人們在交往時，選擇正確的距離是至關重要的。

除了這四種距離以外，還有一種可以調節的彈性距離：

當你瞭解了人和人之間的距離劃分後，你就能通過判斷與對方的關係來決定距離，但是，距離並不是一成不變的，你需要懂得如何調節距離的彈性，做到不近不遠，不親不疏，這需要一些技巧。在不同情境中調節距離。人際交往的空間距離是可變的，且具有一定的伸縮性。這由具體情境，交談雙方的關係、社會地位、文化背景、性格特徵、心境等決定。

當情景不同時，你應當因勢調節距離。

（一）文化背景差異　由於文化背景差異，每個國家和每個民族對「自我」的理解都不一樣。比如北美人理解「自我」包括皮膚、衣服以及體外幾十釐米的空間，而阿拉伯人的「自我」，僅限於心靈，他們認為作為物質的肉身，只是心靈的寄存體，暫歇地，是身外之物，精神和心靈才是真我。因此，交往時，往往出現阿拉伯人總嫌對方過於冷淡；而北美人卻接受不了對方的過度熱情。你在與不同文化背景的人打交道前，需要瞭解一些他們意識形態上的狀況，以免引起對方反感。

（二）社會地位差異　一般情況下，社會地位高的人要求有更大的自我空間，因此無論你和對方的關係到了怎樣的程度，你都需要和他保持比一般人更遠一些的距離，過分親密對他來講，無異於不尊重。

（三）性格差異　一般來說，性格開朗的人較容易容忍別人的靠近，他們也願意主動去接近別人，他們的自我空間較小。而性格內向、孤僻自守的對靠近他的人十分敏感，即便你是他的好朋友或是家人，你都要保證和他的距離控制在一定範圍。

（四）尊重別人隱私　即便是最親密的人際關係如夫妻，也應彼此保留一塊心理空間。這種尊重表現為不隨便打聽他人不願意、不主動告訴你的事，追問他人的秘密等。過度的自我暴露雖不存在打聽別人隱私的問題，卻存在向對方靠得太近的問題，容易失去應有的人際距離。

（五）要有容納意識　容納意識要求我們尊重差異，容納個性，容納對方的缺點，諒解對方的一般過錯。「水至清則無魚，人至察則無徒」。清澈見底的水裡面不會有魚，過分挑剔的人也不會有朋友，沒有容納意識，遲早會將人際關係推向崩潰的邊緣。

（六）距離產生美　每個人在和陌生人交往的過程中都要掌握「距離」的分寸，隨著關係的改變調節距離，讓人覺得舒服，安全，這才是友誼長久之道。

法國總統戴高樂就是一個很會運用「刺蝟效應」的人。

他有一個座右銘：「保持一定的距離！」這也深刻地影響了他和顧問、智囊和參謀們的關係。在他十多年的總統歲月裡，他的秘書處、辦公廳和私人參謀部等顧問和智囊機構，沒有什麼人的工作年限能超過兩年以上。他對新上任的辦公廳主任總是這樣說：「我使用你兩年，正如人們不能以參謀部的工作作為自己的職業，你也不能以辦公廳主任作為自己的職業。」這就是戴高樂的規定。

這一規定出於兩方面原因：一、是在他看來，調動是正常的，而固定是不正常的。這是受部隊做法的影響，因為軍隊是流動的，沒有始終固定在一個地方的軍隊。二、是他不想讓「這些人」變成他「離不開的人」。

這表明戴高樂是個主要靠自己的思維和決斷而生存的領袖，他不容許身邊有永遠離不開的人。只有調動，才能保持一定距離，而惟有保持一定的距離，才能保證顧問和參謀的思維和決斷具有新鮮感和充滿朝氣，也就可以杜絕年長日久的顧問和參謀們利用總統和政府的名義營私舞弊。

戴高樂的做法是令人深思和敬佩的。沒有距離感，領導決策過分依賴秘書或某幾個人，容易使智囊人員干政，進而使這些人假借領導名義，謀一己之私利，最後拉領導幹部下水，後果是很危險的。兩相比較，還是保持一定距離好。

通用電氣公司的前總裁斯通在工作中就很注意身體力行刺蝟理論，尤其在對待中高層管理者上更是如此。在工作場合和待遇問題上，斯通從不吝嗇對管理者們的關愛，但在工餘時間，他從不要求管理人員到家做客，也從不接受他們的邀請。

正是這種保持適度距離的管理，使得通用的各項業務能夠順利進展，創造業績。與員工保持一定的距離，既不會使你高高在上，也不會使你與員工互相混淆身份。這是管理的一種最佳狀態。距離的保持靠一定的原則來維持，這種原則對所有人都一視同仁：既可以約束領導者自己，也可以約束員工。掌握了這個原則，也就掌握了成功管理的秘訣。

在各種促進買賣成交的提問中，「刺蝟」技巧是很有效的一種。

所謂「刺蝟」反應，其特點就是你用一個問題來回答顧客提出的問題。你用自己的問題來控制你和顧客的洽談，把談話引向銷售程式的下一步。讓我們看一看「刺蝟」反應式的提問法：

顧客：「這項保險中有沒有現金價值？」

推銷員：「您很看重保險單是否具有現金價值的問題嗎？」

顧客：「絕對不是。我只是不想為現金價值支付任何額外的金額。」

對於這個顧客，若你一味向他推銷現金價值，你就會把自己推到河裡去一沉到底。這個人不想為現金價值付錢，因為他不想把現金價值當成一樁利益。這時你該向他解釋現金價值這個名詞的含義，提高他在這方面的認識。

一般地說，提問要比講述好。但要提有份量的問題並非容易。

簡而言之，提問要掌握兩個要點：

一、提出探索式的問題——以便發現顧客的購買意圖以及怎樣讓他們從購買的產品中得到他們需要的利益，從而就能針對顧客的需要為他們提供恰當的服務，使買賣成交。

二、提出引導式的問題——讓顧客對你打算為他們提供的產品和服務產生信任。還是那句話，由你告訴他們，他們會懷疑；讓他們自己說出來，就是真理。

企業管理專家的研究認為：領導者要會帶人，應該與下屬保持「親密有間」的關係。不是嗎，霧裡看花，水中望月，往往給人「距離美」的感覺。一個原本很受下屬敬佩的企業領導，後來由於與下屬「親密無間」相處，他的缺點便顯露無遺，結果不知不覺地使下屬改變原有的看法，甚至變得令下屬失望和討厭。特別要提醒的是，企業領導與下屬「親密無間」相處，還容易導致彼此公私不分，影響工作的進展。

另外，在教育子女方面，獨生子女沒有同胞兄弟姐妹共同生活的經驗，容易形成感情的「自我中心」，容易養成不善於團結，不善於同情，不善於競爭，不善解人意，缺少協作，不尊重人，缺少助人為樂的品質和行為。在平時的家庭生活中，我們有些家長變成了「小皇帝」的傭人，使孩子成為家庭中的「支配者」，大人處處圍著孩子轉，什麼事情都依順孩子，甚至孩子提出無理要求，也採取遷就縱容的態度。從心理角度看，家長在孩子心目中特殊的心理地位，決定了家長與孩子之間必然存在一定的心理距離，與其像兩隻刺蝟「緊挨在一塊，反而無法睡得安寧」，倒不如保持一種「親密有間」的關係，家長對獨生子女的正確態度，應該是愛而不寵，養而不嬌，對孩子做到嚴格管教，精心培養才是真正的愛。

5．吸引力法則

——你關注什麼，就會吸引什麼

在巴黎有個教堂，其中有位神父十分熱愛音樂，他的歌聲總是能穿透人的靈魂，讓前來禱告的人感受到上帝的仁慈。後來，這位神父掌管了這個教堂，於是，很多熱愛音樂的人慕名前來，後來，這些人也都當了神父，使這個教堂的唱詩班美名遠揚。每到周末，教堂都擠滿了來禱告的人，還有很多人站在教堂外面，遠遠地聽他們高唱。這是神父歌聲的吸引力。

有些神學學者和思維學家認為地球有磁場，人也帶有磁場，一個人如果他不斷地去思考，不斷地去研究，不斷地去專注，潛意識就會發揮功能，去自動吸引他所想的人、事、物，來實現在他身上。比如很久沒見的朋友，有一天你突然想起他來了。恰巧這時候接到他的電話、他的信或是和他有關的消息，甚至是突然偶遇他。

事實上，這是因為腦海中潛意識在不斷地思考一件事情的時候，你所散發出來的腦波，會自動吸引你想到的人、事、物。

不知道你有沒有聽說過日本首富孫正義的故事，他的成長經歷說明：如果我們帶著信念和夢想上路，吸引力就會發生作用，成功就可能更容易到來。

孫正義兩三歲的時候，他的父親一再告訴孫正義：「你是天才，你長大以後會成為日本首屈一指的企業家。」

在孫正義六歲的時候，他就這樣跟別人做自我介紹：「你好，我是孫正義，我長大以後會成為日本排名第一的企業家。」孫正義每一次自我介紹都加上這一句話，直到他後來成為日本首富。

當然，除了堅定的信念外，孫正義的執行力也是一流的，他給自己制定的個人的人生藍圖：

- 19歲規劃人生五十年藍圖。
- 30歲以前，要成就自己的事業，光宗耀祖！
- 40歲以前，要擁有至少一千億日元的資產
- 50歲之前，要作出一番驚天動地的偉業！

・60歲之前，事業成功！

・70歲之前，把事業交給下一任接班人！

他是這麼規劃的，也是這樣實施的，並且最終這位後來的日本首富成功地做到了。二〇一九年他的資產是二百十六億美元（二千一百五十億日元）。

「吸引力法則」是新思維運動的一種概念，認為人際關係可通過正面或負面想法，從而得到正面或負面的結果。吸引力法則亦泛指吸引具有類似思想的人，同時又被對方吸引的過程，是一個相互吸引的過程，而不僅僅是一個思想對另一個思想的影響。

換言之，兩個具有相似心態的人會彼此吸引。從結果上看，思想對事物有著很大的吸引力，但是我們也可以看做是事物隨著人的變化而變化。這種信念是基於人們的一個想法，他們的想法都從「純粹的能量」而成，這信念就好像一種力量吸引另一種力量。

支援這說法的其中一個例子是，如果有一個人打開信封期待看到的帳單，那

「吸引力法則」便會「認同」這想法並且在打開信封後會見到帳單。當一個人決定了，而不是預期了支票出現的可能，根據相同法則，那個人會發現一張支票而非帳單。雖然在一些情況下，積極或消極的態度會產生相應的結果（主要是安慰劑效應和反安慰劑效應的作用），但這裡沒有「吸引力法則」的科學實驗依據，甚至有不少反例。

湯瑪斯．特洛沃德是新思維運動的重大影響力人物，他聲稱思想先於物理形態，以及「動作思維是殖根於細胞核，如允許生長不受干擾，最終將會吸引到自己所有必要條件外在的可見形式的表現。」

新思維運動的作家詹姆斯．艾倫從一九〇一至一九一二年之間，寫下一系列的書籍及文章，之後他的妻子莉莉（Lilly）繼續他的工作。艾倫的著名作品是一九〇二年完成的《我的人生思考》。

一九〇六年，威廉．沃克．艾金森（一八六二年~一九三二年），用他的新思維運動的書中一個詞組，在思維世界裡的思想震動或吸引力法則，指出「物以類聚」。隨後一年，新思維運動雜誌《鸚鵡螺》的主編伊麗莎白．湯，發表了布魯斯・麥倫的《成功神學》一書中，成功透過思想力，他總結的原則是：「你是你所想，而不是你認為自己是甚麼」。

在華萊士・D・沃特爾斯也奉行類似的原理——簡單地相信你的渴望的對象和重點，它會引導到該事物或順利達至該目標（華萊士在書中的前言和後來的章節中稱他的前提主幹是從印度教的一元論角度，指上帝提供了一切，我們能專注並傳遞的東西。）書中還指負面思想會顯示負面的結果。理察・魏斯在他的書中指出，「成功的美國神話」指「不抵抗」的原則，是一種流行的新思維運動的概念，並教導如何與吸引力法則的結合。

「吸引力法則」可以簡單定義為——「你關注什麼，就會吸引什麼」。當然關注的事物包括想要的和不想要，這一事物就有可能會在你的生活中占大部分。

比如，生活中我們常常會發現這樣有趣的現象：如果第二天有事，我們想五點起來，於是第二天即使沒有鬧鐘我們也會在五點起床。這就是吸引力的作用。我們的思想、感覺、言語以及行為製造能量，這些能量依序吸引類似的能量：負面能量吸引負面能量，正面能量吸引正面能量。從結果上看，思想對事物有著很大的吸引力，但是我們也可以看做是事物隨著人的變化而變化。

更廣泛的說，吸引力定律是當一個人的思想專注在某一領域的時候，跟這個領域相關的人、事、物就會被他吸引而來。最典型的是比如會吸引具有類似思想的人，同時又被對方吸引的過程，這是一個相互吸引的過程，而不僅僅是一個思想對另一個思想的影響。我們也可以這樣理解，兩個具有相似心態的人會彼此吸引。

物以類聚，人以群分。人總是傾向於跟自己的同類待在一起。這主要是由於人在心理上需要尋求一種歸屬感，從而獲得心理學家所謂的五大需求之一的安全感。而能把分散的人集中起來形成一個群體的就是這個群體的靈魂人物。一般被這個靈魂人物召集到一起的分散的人身上總會有這個靈魂人物的一些影子，也就是說他們具有某種共性，正是由於這種共性，這個靈魂人物才能把人們吸引過來，從而形成一個團結的群體。

「吸引力法則」並不是「魔法」，你肯定不能僅僅通過幻想就得到物質財富、實現個人理想，你還需要實際的行動。但在付出同等努力的情況下，如果你善於運用吸引力法則，那麼實現你理想的未來的可能性就會增大。

在生活當中，人人都希望自己健康、快樂、富有，可是有時候雖然我們的願望很虔誠，吸引力也沒有辦法讓你把所有的願望都實現。但這並不意味吸引力法則失效了。吸引力法則的作用在於它會增加讓願望變成現實的概率，如果不懂得方法，概率就會下降。

在企業中也是如此，領導需要吸引高素質的人才，首先就要把自己塑造成高素質的人才，只有這樣，才具備吸引高素質人才的前提條件。而這還遠遠不夠，領導必須要通過某種途徑向外界傳遞自己以及企業的發展方向和價值導向，才能吸引相關的高素質人才加入到這個行列中來。

6・登門檻效應

——一步一步達到你想要的目標

「登門檻效應」是指一旦接受了他人的一個微不足道的要求，為了避免認知上的不協調，或想給他人以前後一致的印象，就有可能接受更大的要求。這種現象，猶如登門檻時要一級臺階一級臺階地登上去，這樣能更容易更順利地登上高處。當個體先接受了一個小的要求後，為保持形象的一致，證明自己不是出爾反爾的人。因此，他可能接受一項重大、更不合意的要求，這叫做「登門檻效應」又稱「得寸進尺效應」。

心理學家認為，在一般情況下，人們都不願接受較高較難的要求，因為它費時費力又難以成功，相反，人們卻樂於接受較小的、較易完成的要求，在實現了較小的要求後，人們才慢慢地接受較大的要求，這就是「登門檻效應」對人的影響。

二十世紀60年代社會心理學家弗里德曼做了一個非常經典的實驗。

研究的第一步，是先到各家各戶向家庭主婦們提出一個小的要求，請她們支持「安全委員會」的工作，在一份呼籲安全駕駛的請願書上簽名。研究的第二步，在兩周以後，由原來的兩個大學生實驗者重新找到這些主婦，問能否在她們的前院立一塊不太美觀的大告示牌，上面寫著「謹慎駕駛」。

實驗的結果表明，先前在請願書上簽過名的大部分人（55％以上）都會同意立告示牌，而沒有簽過名的主婦，只有不足17％的人接受了這一要求。這個實驗驗證了社會心理學「登門檻效應」的存在。

研究者認為，人們拒絕難以做到的或違反意願的請求是很自然的；但是他一旦對於某種小請求找不到拒絕的理由，就會增加同意這種要求的傾向；而當他卷入了這項活動的一小部分以後，便會產生自己是關心社會福利者的知覺、自我概念或態度。這時如果他拒絕後來的更大要求，就會出現認知上的不協調，於是恢復協調的內部壓力就會支使他繼續幹下去或做出更多的幫助，並使態度或改變成為持久的。

不言而喻，前一組的家庭主婦同意率之所以超過半數，是因為在這之前對她們提出了一個較小的要求；而後一組的家庭主婦同意率之所以不足20％，是因為在這之前對她們沒有提出一個較小的要求。換句話說，前一組的家庭主婦的同意率之所以高於後一組的家庭主婦，是因為人們的潛意識裡總是希望自己給人留下首尾一致的印象。

在人際交往中，當我們要求某人做某件較大的事情又擔心他不願意做時，可以先向他提出做一件類似的、較小的事情。

「登門檻效應」對我們的啟示很多，在教育工作上也有應用和借鑒。如對學習有困難的學生，教師一下子不宜對他們提出過高的要求，而是先提出一個只要比過去有進步的小要求，當學生達到這個要求後再通過鼓勵逐步向其提出更高的要求，學生往往更容易接受並力求達到。「登門檻效應」蘊含的是一種教育的理性、教育的智慧。「隨風潛入夜，潤物細無聲」，不經意處見匠心。

根據「登門檻效應」，教師所制定目標時，一定要考慮學生的心理發展水平和學生的心理承受能力。要分析不同層次學生現有的發展水平，根據不同素質、不同能力層次的學生的基礎與表現，制定不同層次的、具體的目標，使學生經過努力能夠達到的，從而使每個學生都能獲得成功的喜悅。因此，教師在教育過程中，應將遠期目標和近期目標結合起來，將較高的目標分解成若干層次不同的小目標，以調動學生的積極性。學生一旦實現了一個小目標，或者說邁過了一道「小小門檻」，我們的教育前景就寬闊得多了。

比如，要求學生養成良好的學習和生活習慣，我們可以首先要求學生從找準自己的不足做起，根據自身問題制訂一個時間段（一周、半月或一個月）養成一個好習慣的目標。如養成「不隨意發脾氣」、「抓緊時間做事」、「傾聽別人說話」、「不隨地扔垃圾」、「勤於思考」、「聚精會神聽課」、「做題仔細認真」等等。長此以往，良好的學習和生活習慣便會功到自然成。還有，對「問題學生」的教育切忌急於求成、「恨鐵不成鋼」，而要富有愛心和欣賞心，看到他們的閃光點和發展潛力，對他們作出積極的、鼓勵性評價，哪怕是一個贊許的點頭，一個滿意的微笑，一次真誠的祝福，都可能換起他們的自信，使他們看到自身發展的希望，從而積極健康成長。再有，課堂提問時，教師必須根據教學內容和學生的認識規律，由淺入深，由易到難地設計問題，一步步開啟學生思維的大門，從而培養學生探究問題永不滿足的追求精神。

「登門檻效應」的效用十分廣泛，在工作上、人際關係中都可以派得上用場：

一、登門檻效應在推銷上的應用

一個人接受一個小的要求後，往往願意接受一個更大的要求，猶如登門檻時要一級臺階一級臺階地登，這樣更容易更順利地登到高處。用「登門檻」來形容這種心理現象簡直是太形象了。推銷員就常常使用這種技巧來說服顧客購買他的商品，通常成功的推銷員都不會向顧客直接推銷自己的商品，而是提出一個通常人們都能夠或者樂意接受的小小要求，從而一步步地最終達成自己推銷的目的。其實對於推銷員來講最困難的並非是推銷商品本身，而是如何開始這第一步。當你把一名推銷員讓到你的屋裡，可以說他的推銷已經成功一半了，即使你開始並不想買他的賬，僅僅是想看看他如何表演。有時我們會發現這種方法的確是個達成自己目標的好辦法，尤其是用於和不太熟悉的人打交道的時候，偶爾使用一次成功率還是挺高的。

二、登門檻效應在員工管理方面的應用

在要求別人或者下屬做某件較難的事情而又擔心他不願意做時，可以先向他提

出做一件類似的較小的事情。同樣，對於一個新人，上級不要一下子對他們提出過高的要求，建議你先提出一個只要比過去稍有進步的小要求，當他們達到這個要求後，再通過鼓勵，逐步向其提出更高的要求，這樣員工容易接受，預期目標也容易實現。這裡面的心理變化是多麼微妙啊！不過要記住，有的時候還是要看住自己的「門檻」的，該拒絕的時候一定要拒絕。

有個小和尚跟師父學武藝，可師父卻什麼也不教他，只交給他一群小豬，讓他到外頭去放牧。廟前有一條小河，每天早上小和尚要抱著一頭頭小豬跳過河，傍晚再抱回來。後來小和尚在不知不覺中練就了卓越的臂力和輕功。原來小豬一天天在長大，因此小和尚的臂力也在不斷地增長，他這才明白師傅的用意，原來這也是「登門檻效應」的應用。

在我們學習某些知識的時候，先不要定下很高很難的目標，而是把它分解成一個個的小目標，然後逐步去實現這些小目標，這樣不僅更能給自己信心，也會因為持續不斷的成就感而讓自己有更大的動力向前學習，學習效果也是很好的，也許不知不覺的就會把整個大目標完成了。

在工作中，在和同事協商去做某些比較難的工作的時候，可以先和他提出做一些類似的小任務，這樣等他同意並完成了以後，再去提出做更大難度一些任務的時候，因為他已經有過類似的經驗，已經有了心理準備，也有了經驗積累，那他也有更大的意願和能力接受並完成新的任務。

在生活中，特別是人際交往上，如果我們要去認識一些新人，那最好也是一步一步的慢慢增加熟悉感，而不是想著一步到位的馬上和別人熟絡起來，那會很容易讓別人受到驚嚇；如果我們想別人幫我做一些比較為難的事情，那也可以利用登門檻效應，先讓他幫我們做一些很容易實現的小事，然後再引導他慢慢的給我們提供更多的幫助。

瞭解了登門檻效應以後，我們要學會利用好這個效應，步步為營，讓它更好的為我們服務；與此同時，我們也要懂得「反登門檻效應」，及時察覺別人把這個效應用到我們身上的用意，所以必須設置好自己的邊界，不要被超出自己能力範圍的要求給綁架了。

第六章

墨菲定律的智慧

I·墨菲定律

——凡是可能出錯的事，就一定會出錯

「墨菲定律」用一句話解釋是：事情往往會向你所想到的——不好的方向去發展，只要有這個機會。比如說，你口袋裡有兩把鑰匙，一把是你房間的，一把是汽車的；如果你現在想拿出車子鑰匙，到底會發生什麼事呢？是的，你往往是會掏出房間的鑰匙。這就是著名的「墨菲定律」。

愛德華．A．墨菲是美國空軍基地的上尉工程師。一九四九年，他和他的上司史塔普少校，在一次火箭減速超重試驗中，因儀器失靈發生了事故。墨菲發現，測量儀表被一個技術人員裝反了。由此，他得出的教訓是：如果做某項工作有多種方法，而其中有一種方法將導致事故，那麼一定有人會按這種方法去做。

換種說法：假定你把一片乾麵包掉在地毯上，這片麵包的兩面均可能著地。但

假定你把一片一面塗有果醬的麵包掉在地毯上，常常是帶有果醬的那一面落在地板上。在事後的一次記者招待會上，史塔普將其稱為「墨菲法則」，並以極為簡潔的方式作了重新表述：「凡事可能出岔子，就一定會出岔子。」墨菲法則在技術界不脛而走，因為它道出了一個鐵的事實：技術風險能夠由可能性變為突發性的事實。

墨菲定律的適用範圍非常廣泛，它揭示了一種獨特的社會及自然現象。它的極端表述是：如果壞事有可能發生，不管這種可能性有多小，它總會發生，並造成最大可能的破壞。

「墨菲定律」、「帕金森定律」以及「彼得原理」——並稱為二十世紀西方文明的三大發現。

「墨菲定律」主要內容有——

一、任何事都沒有表面看起來那麼簡單；

二、所有的事都會比你預計的時間長；

三、會出錯的事總會出錯；

四、如果你擔心某種情況發生，那麼它就更有可能發生。

「墨菲定律」的根本內容是「凡是可能出錯的事有很大概率會出錯」，指的是任何一個事件，只要具有大於零的概率，就不能夠假設它不會發生。

西方的「墨菲定律」是這樣說的：Anything that can go wrong will go wrong.

（凡事只要有可能出錯，那就一定會出錯。）

「墨菲定律」的原話是這樣說的：If there are two or more ways to do something, and one of those ways can result in a catastrophe, then someone will do it.

（如果有兩種或兩種以上的方式去做某件事情，而其中一種選擇方式將導致災難，則必定有人會作出這種選擇。）

現在我們以下面兩個事件，來說明墨菲定律——

一、「哥倫比亞號」太空梭事件

二〇〇三年美國「哥倫比亞號」太空梭即將返回地面時，在美國德克薩斯州中部地區上空解體，機上6名美國宇航員以及首位進入太空的以色列宇航員拉蒙全部遇難。「哥倫比亞號」太空梭失事也印證了「墨菲定律」。如此複雜的系統是一定要出事的，不是今天，就是明天，合情合理。一次事故之後，人們總是要積極尋找原因，以防止下一次事故，這是人的一般理性都能夠理解的，否則，或者從此放棄航天事業，或者聽任下一次事故再次發生，這都不是一個國家能夠接受的結果。

人永遠也不可能成為上帝，當你妄自尊大時，「墨菲定律」會叫你知道厲害；相反，如果你承認自己的無知，「墨菲定律」會幫助你做得更嚴密些。

這其實是概率在起作用，人算不如天算，如老話說的「上的山多終遇虎」。還有「禍不單行」。如彩票，連著幾期沒大獎，最後必定滾出一個千萬大獎來，災禍發生的概率雖然也很小，但累積到一定程度，也會從最薄弱環節爆發。所以關鍵是要平時清掃死角，消除不安全隱患，降低事故概率。

二、馬航失聯事件

二〇一四年3月8日馬航MH370航班失聯客機事件，經過了十個月後搜救行動卻一無進展，所有心繫馬航MH370的人們都經歷了最初的深感意外，到反應過來之後的焦慮和迷惑。當時很多媒體都在分析馬航事件，但智通財經網最先播出的金融技術視頻《馬航失聯事件終極分析——致命的墨菲定理》中，主持人史蒂芬用墨菲定理分析馬航失聯客機事件，可以說是一針見血：

墨菲定理第一條——「任何事都沒有表面看起來那麼簡單」：馬航客機失聯後，眾說紛云，馬來西亞當局隱瞞信息，史蒂芬認為事件看起來沒有那麼簡單。

墨菲定理第二條——「所有的事都會比你預計的時間長」：智通財經網史蒂芬講到了目前各國搜尋工作，還是沒有找到有價值的線索，馬航客機搜救時間，比很多人預計的時間還長，最終也沒找出什麼。

墨菲定理第三條——「會出錯的事總會出錯」：在《馬航失聯事件終極分析——致命的墨菲定理》的視頻中，史蒂芬描述了在二〇一二年8月9日，MH370航班所用的這家波音777-200型客機發生過一次意外。當時它在上海浦東機場與東方航空的MU583航班（機型為A340-600）在右道口發生擦撞，被蹭斷了右機翼。雖然馬航當時對受傷的機翼進行了維修，但這難保這架受過傷的飛機在今後不再出事。

按照馬航失聯事件發生後某空管人士的說法，這次事件也有可能是由二〇一二年那次事故的後遺症引發的。「波音777-200型客機如果維修不當、舊傷復發，可能導致轉彎時一部分機翼解體。這也可以解釋它為什麼最後一次數據聯絡會報出下降200米加近360度大角度轉彎，飛機如果解體，求救信號也發不出來。」

墨菲定理第四條——「如果你擔心某種情況發生，那麼它就更有可能發生」：

二〇一三年7月6日，一架南韓亞洲航空公司波音777-200型客機在美國舊金山國際機場降落過程中發生事故，燃起大火。事故造成二名中國學生死亡，百餘人受傷。而馬航失聯飛機與韓亞空難機型一樣，都是老式舊款的波音客機，很多人擔心會再次出現類似的事故。儘管就目前公佈的各種數據而言，也有人說馬航失聯客機是劫機事件，但馬航客機載油量正常最多可飛8小時，至今還沒有搜查到降落的場地，極可能是機身故障墜毀。

「墨菲定律」誕生於二十世紀中葉，這正是一個經濟飛速發展，科技不斷進步，人類真正成為世界主宰的時代。在這個時代，處處瀰漫著樂觀主義的精神：人類取得了對自然、對疾病以及其他限制的勝利，並將不斷擴大優勢；我們不但飛上了天空，而且飛向太空……我們能夠隨心所欲地改造世界的面貌，這一切似乎昭示著：一切問題都是可以解決的。無論是怎樣的困難和挑戰，我們總能找到一種辦法或模式來克服它、打敗它。

正是這種盲目的樂觀主義，使我們忘記了對於亙古長存的茫茫宇宙來說，我們的智慧只能是幼稚和膚淺的。世界無比龐大複雜。人類雖很聰明，並且正變得越來越聰明，但永遠也不能徹底瞭解世間的萬事萬物。人類還有個難免的弱點，就是容易犯錯誤，永遠會犯錯誤。正是因為這兩個原因，世界上大大小小的不幸事故、災難才得以發生。

近半個世紀以來，「墨菲定律」曾經攪得世界人心神不寧，它提醒我們：我們解決問題的手段越高明，我們將要面臨的麻煩就越嚴重。事故照舊還會發生，永遠會發生。「墨菲定律」忠告人們：面對人類的自身缺陷，我們最好還是想得更周到、全面一些，採取多種保險措施，防止偶然發生的人為失誤導致的災難和損失。歸根到底，「錯誤」與我們一樣，都是這個世界的一部分，狂妄自大只會使我們自討苦吃，我們必須學會如何接受錯誤，並不斷從中學習成功的經驗。

我們都有這樣的體會，如果在街上準備攔一輛車去赴一個時間緊迫的約會，你會發現街上所有的計程車不是有客就是根本不搭理你，而當你不需要租車的時候，卻發現有很多空車在你周圍游弋，只要你一揚手，車隨時就會停在你的面前。

如果一個月前在浴室打碎鏡子，儘管仔細檢查和沖刷，也不敢光著腳走路，等過了一段時間確定沒有危險了，不幸的事還是照樣發生，你還是被碎玻璃扎了腳。

「墨菲定律」告訴我們，容易犯錯誤是人類與生俱來的弱點，不論科技多發達，事故都會發生。而且我們解決問題的手段越高明，面臨的麻煩就越嚴重。所以，我們在事前應該是儘可能地想得周到、全面一些，如果真的發生不幸或者損失，就笑著應對吧，關鍵在於總結所犯的錯誤，而不是企圖掩蓋它。

墨菲定律是一種客觀存在。要在企業管理、日常工作和生活中防範可能導致的惡性後果，必須從行為、技術、機制、環境等多方面因素入手，而對其在思想心理上的重視無疑要放到首位。

防微杜漸，小的隱患者不消除，就有可能擴大增長，其造成事故的概率也會慢慢增加。這對於巨大、複雜的技術系統來說尤為可怕。

要具備更強度的抗壓能耐，著淡壓力，持平常心。因面臨壓力太大而心態失常，這是導致悲劇發生的最常見原因之一。

做事謹守本份，別心存僥倖、不守規則，有因必有果是常見的災難發生模式。

在心理學上有一定根據，即負而心理暗示會對人的心態及行為造成不良影響。

要打破墨菲定律的「詛咒」，就要有堅定的自信，穩定的心態，積極的心理暗示，以肯定式的語言做表述，對自卑感等負面情緒或不良念頭採取零容忍策略，一旦察覺立即打消。即使遭遇挫折，也要有「盡人事聽天命」的覺悟，充分發揮自身潛力勇敢應對，始終以正面、陽光的心態面對生活。

那麼如何預防負面情緒的不良發展呢？

一、儘量避免感情用事，控制情緒，抵制煩惱。可以遵循以下四個要訣：

(1) 照著正確的解決方法去做；

(2) 盡量收集資料，找出讓你煩惱的原因；

(3) 衡量資料的重要性，並找出對付的方法；

(4) 觀察事情進行得是否順利。

二、不要衝動地去做一件事，把問題和其他有關係的事情再慎重考慮一遍。

三、壓力太大的時候。稍微休息一下。

四、為了切合實際，不要嫌麻煩，再檢查一遍。

五、按部就班地從事情發生的過程中提出解決辦法，不要妄下斷言。

六、和自己的意思對照一下，看看自己所做的決定是否違背心意。

那麼，我們如何從墨菲定律來做好安全管理

一、正確認識墨菲定律

對待這個定律，安全管理者存在著兩種截然不同的態度：一種是消極的態度，認為既然差錯是不可避免的，事故遲早會發生，那麼，管理者就難有作為；另一種是積極的態度，認為差錯雖不可避免，事故遲早要發生的，那麼安全管理者就不能有絲毫放鬆的思想，要時刻提高警覺，防止事故發生，保證安全。

正確的思維方式是後者。根據墨菲定律可得到如下兩點啟示：

一、**不能忽視小概率危險事件**——由於小概率事件在一次實驗或活動中發生的可能性很小，因此，就給人們一種錯誤的理解，即在一次活動中不會發生。與事實相反，正是由於這種錯覺，麻痹了人們的安全意識，加大了事故發生的可能性，其結果是事故可能頻繁發生。縱觀無數的大小事故原因，可以得出結論：「認為小概率事件不會發生」是導致僥幸心理和麻痹大意思想的根本原因。墨菲定律正是從強調小概率事件的重要性的角度明確指出：雖然危險事件發生的概率很小，但在一次實驗（或活動）中，仍可能發生，因此，不能忽視，必須引起高度重視。

二、**墨菲定律是安全管理過程中的長鳴警鐘**——安全管理的目標是杜絕事故的發生，而事故是一種不經常發生和不希望有的意外事件，這些意外事件發生的概率一般比較小，就是人們所稱的小概率事件。由於這些小概率事件在大多數情況下不發生，所以，往往被人們忽視，產生僥幸心理和麻痹大意思想，這恰恰是事故發生的主觀原因。墨菲定律告誡人們，安全意識時刻不能放鬆。要想保證安全，必須從現在做起，從我做起，採取積極的預防方法、手段和措施，消除人們不希望有的和意外的事件。

二、發揮警示職能，提高安全管理水平

安全管理的警示職能是指在人們從事生產勞動和有關活動之前將危及安全的危險因素和發生事故的可能性找出來，告誡有關人員註意並引起操作人員的重視，從而確保其活動處於安全狀態的一種管理活動。由墨菲定律揭示的兩點啟示可以看出，它是安全管理的一項重要職能，對於提高安全管理水平具有重要的現實意義。在安全管理中，警示職能將發揮如下作用：

一、**警示職能是安全管理中預防控制職能得以發揮的先決條件**——任何管理，都

具有控制職能。由於不安全狀態具有突發性的特點，使安全管理不得不在人們活動之前採取一定的控制措施、方法和手段，防止事故發生。這說明安全管理控制職能的實質內核是預防，堅持預防為主是安全管理的一條重要原則。墨菲定律指出：只要客觀上存在危險，那麼危險遲早會變成為不安全的現實狀態。所以，預防和控制的前提是要預知人們活動領域里固有的或潛在的危險，並告誡人們預防什麼，並如何去控制。

二、**發揮警示職能，有利於強化安全意識**——安全管理的警示職能具有警示、警告之意，它要求人們不僅要重視發生頻率高、危險性大的危險事件，而且要重視小概率事件；在思想上不僅要消除麻痹大意思想，而且要克服僥幸心理，使有關人員的安全意識時刻不能放鬆，這正是安全管理的一項重要任務。

三、**發揮警示職能，變被動管理為主動管理**——傳統安全管理是被動的安全管理，是在人們活動中採取安全措施或事故發生後，通過總結教訓，進行「亡羊補牢」式的管理。當今，科學技術迅猛發展，市場經濟導致個別人員的價值取向、行為方式不斷變化，新的危險不斷出現，發生事故的誘因增多，而傳統安全管理模式已難於適應當前情況。為此，要求人們不僅要重視已有的危險，還要主動地去識別新的危險，變事後管理為事前與事後管理相結合，變被動管理為主動管理，牢牢掌握安全管理的主動權。

四、發揮警示職能，提高全員參加安全管理的自覺性——安全狀態如何，是各級各類人員活動行為的綜合反映，個體的不安全行為往往禍及全體。因此，安全管理不僅僅是領導者的事，更與全體人員的參與密切相關。根據心理學原理，調動全體人員參加安全管理積極性的途徑通常有兩條：①激勵：即調動積極性的正誘因，如獎勵、改善工作環境等正面刺激；②形成壓力：即調動積極性的負誘因，如懲罰、警告等負面刺激。對於安全問題，負面刺激比正面刺激更重要，這是因為安全是人類生存的基本需要，如果安全，則被認為是正常的；若不安全，一旦發生事故會更加引起人們的高度重視。因此，不安全比安全更能引起人們的注意。墨菲定律正是從此意義上揭示了在安全問題上要時刻提高警惕，人人都必須關注安全問題的科學道理。這對於提高全員參加安全管理的自覺性，將產生積極的影響。

總之，墨菲定律的內容並不複雜，道理也不深奧，關鍵在於它揭示了在安全管理中人們為什麼不能忽視小概率事件的科學道理；揭示了安全管理必須發揮警示職能，堅持預防為主原則的重要意義；同時指出，對於人們進行安全教育，提高安全管理水平具有重要的現實意義。

2・墨菲定律的人生哲學

——這些事在生活中處處可見，逃也逃不了

・別試圖教貓唱歌，這樣不但不會有結果，還會惹貓不高興！

——處處為人着想，十分雞婆的人，到頭來都會變成別人眼中的討厭鬼！

・別跟傻瓜吵架，不然旁人會搞不清楚，到底誰是傻瓜？

——對於不可理喻的人，你只會愈吵愈火大，搞到後來你也會像個瘋子。

・不要以為自己很重要，因為沒有你——

太陽明天還是一樣從東方升上來。

——自以為了不起的人，往往是沒有讀過「謙虛」這兩個字。

• 好的開始，未必就有好結果；壞的開始，結果往往會更糟……

——有好的開始也不能掉以輕心，有不好的開頭，最好重新考慮一下！

• 你若幫助了一個急需用錢的朋友，他一定會記得你——在他下次急需用錢的時候。

——朋友之間，救急是人之常情，救窮則是會變成自己的悲情！

• 笑一笑，明天未必比今天好。

——人生要有信念，坦然走下去吧！

• 有能力的讓他做；沒能力的教他做；做不來的管理他。

——這就領導者的功課。

• 你早到會議卻取消；你準時到卻還要等；而遲到，就是遲到。

——人生處處都會有巧合，也會有意外。

・你最後硬著頭皮寄出的情書；寄達對方的時間有多長，你反悔的時間就有多長。

——事情做了就不要反悔，反悔無助於事，趕快去做下一件事吧！

・你攜伴出遊，越不想讓人看見，越會遇見熟人。

——這事不叫「巧合」，這是因為你「作賊心虛」。

・東西久久都派不上用場，就可以丟掉；而東西一丟掉，卻往往就必須用上它。

——這是「整理術」帶來的後遺症。

・你丟掉了東西時，最先去找的地方，往往也是可能最後找到的那個地方。

——人在心慌意亂之間，就無法從容不迫。

•你出去買爆米花的時候，銀幕上偏偏就出現了精彩鏡頭。

——你可以唱梁詠琪那首好聽的「錯過」這首歌了。

•另一排總是動得比較快；你換到另一排，你原來站的那一排，就開始動得比較快了；你站得越久，越有可能是站錯了排。

——你會這樣做也沒錯，這是「邏輯思維」的「慣性作用」。

•一分鐘有多長？這要看你是蹲在廁所裡面，還是等在廁所外面。

——這叫做「空間」決定「時間」

•匆忙的原因是誤時，相對地，誤時的原因是匆忙。

——這就是「因果關係」。

•只要有人出錢，就會有人出力。

——有錢人只要肯付出金錢，就會收穫到人力、物力。

• 推銷時最有說服力的語言：「注意這個！」

——最好的推銷員，都要懂得掌握人心。

• 在公司生存的第一法則——別讓你的上上級騎在你上級的頭上。

——能夠幫你的是你的直屬上司，這是辦公室的倫理。

• 在真的成為更高層人員之前，最好不要幻想你已是高層人員了。

——吃得太急、太快，反而會把碗打破了。

• 最簡單的解釋是——它實在沒有道理。

——沒有道理，也是一種道理。

• 在任何機構裡，如果你希望有所作為的話，只有兩類人可以接觸——最高層的人員及最低層的人們。

——這兩種人，一種肯做事、一種肯負責，其他的人都是在混日子。

• 永遠不要作預測，因為如果你錯了，沒有人會忘記；如果你對了，沒有人會記得。

——別做多餘的事，讓自己犯錯。

• 若你清楚知道自己正在做甚麼，也許你就會討厭了。

——這就像早上起床後，還沒有洗臉就看到鏡子裡自己的那副德性。

• 一個政客在當選之前，他絕對有能力去解決一切問題。

——這就是在政壇上我們常看到的「大製騙家」！

• 蠢財都會繪畫，但要聰明人才能賣掉。

——這就是著名畫家為什麼生前都是貧窮的原因。

• 大家都打算做事，大家也都做了，可是沒有一個人——做的是他當初打算做的事。

——興趣是一回事，工作往往又是另一回事了。

• 使用剪刀前，先多量兩次，因為你只有剪一次的機會。

——要出手，就要評估它的可行性。

• 放在口袋的錢，最容易被花光。

——離你最近的，你往往最不懂得珍惜。

• 最好的人與最壞的人創造歷史，平庸之輩只能延續歷史。

——人類的歷史，站在美德與惡德的天平上。

• 除非你真的希望上帝出現，否則絕對不要祈求上帝，因為這樣會打擾到祂。

——祈禱要誠心誠意。

・並不是因為你會做某種事，就表示你能靠其生活。

——就像你喜歡吃美食，但你不一定會是好廚師。

・創作的確偉大，但抄書要快的多。

——不學無術者的風涼話。

・無論什麼計劃，若只是建議是不會完成的。

——老是提建議的人，只靠一張嘴罷了。

・第二次被驢踢到，你還學不到什麼，就可證明你是一個笨蛋了！

——如果沒有學會教訓，那你也只能繼續倒楣了。

・若你聽說原則上同意時，這就表示實際上並沒要進行這件事了。

——這是官場常聽到的官話。

• 問題越複雜，限期會越短。

——這是典型的墨菲定律。

• 若某件事已進行得差不多要完成時，就有人會過來改變它——把它弄得一塌糊塗。

——團隊之中，總會有這種天才。

• 不要去反對被替換職務。如果你不能替換，那你就不能升遷！

——只會選擇安逸的人，人生只能平平庸庸。

• 若想受歡迎，就積極幫別人的缺點找個好理由。

——誰都喜歡自己竟然會如此的「完美」！

• 有錢未必快樂！但沒錢一定不快樂！

——千真萬確！這句話是猶太人幾千年來的人生智慧。

• 千萬不要問一個你本來就不想知道答案的問題。

——聰明一些，別自討沒趣！

• 年老的優點——任何時候遇到的女性都會比你年輕。

——阿Q的精神。

• 若大家的想法都差不多時，顯示沒有一個人是在認真地思考。

——集思廣益，不是叫大家沒有異議。

• 成功的定義：站起來的次數要比被打倒多一次。

——只要擁有最後一里路的勇氣，就可邁向成功。

• 千萬不要說你不知道——莫測高深地點點頭，悄悄地離開，飛快地跑去請教專家。

——做人有時要留點心機。

• 錢不是萬能的，比如：它不是充分足夠時。

——因為沒錢就——萬萬不能。

• 若必須在無知與愚蠢之間作選擇，應該選擇無知，因為它還有希望治好。

——人可以無知，但不能是一個笨蛋！

• 再多的零，還是零。

——在徒勞無功的事情上努力，是毫無意義的。

• 面對不用負責任的事，較容易作出決定。

——別人的孩子死活，較無關痛癢。

• 失敗的人有兩種：

一種是不聽任何人的話；另一種是任何人的話都聽。

——過於盲信和自負都不好。

• 科技被兩種人控制：

一種是了解科技但不是老闆，另一種是老闆但不了解科技。

——不過，因為有這兩種人，才能產生更好的科技。

• 人們寧願被一個不能解決的問題困擾著，而不願去接受一個自己不能了解的答案。

——「自欺」是人們精神上的安慰品。

• 若一個人對你說：「不是錢的問題，而是原則的問題。」

——嘿！我敢和你打賭——一定是錢的問題。

•若無法說服對方，就把對方搞糊塗。

——這是李宗吾的厚黑學所教導的。

•若你在兩者之間無法作決定時，選便宜的準沒錯。

——因為損失會較少。

•若你只實驗一次就把事兒給做對了，顯然你某個地方是做錯了。

——事情太順利了，反會疑神疑鬼！

•若你能找到所有人都同意的事，這事一定是錯的！

——因為不可能如此，除了「加薪」。

•若你想讓人生氣，就騙他；若你想要他憤怒，就說真話。

——忠言逆耳，古之名言。

• 若有一個方法——笨而有效，那它就不笨了。

——成者為王嘛！

• 準確，就是把所有錯誤都糾正後的總和。

——嗯，人家愛迪生最了解這句話。

• 在很冷的氣溫中脫下右手的手套，卻發現鑰匙在左邊的口袋裡。

——事與願違。

• 若自認你的工作表現完美無缺，並不證明你工作優秀，只不過是你的標準不夠高罷了。

——容易自滿的人，往往為人都太驕傲了。

• 小國對人民貧窮的解釋：人口太少。
大國對人民貧窮的解釋：人口太多。

——反正狗掀門簾——全憑一張嘴。

• 如果她說這輩子不想再見到你，那是因為她再見到的並不是你。

——漂亮的放手吧！

• 若發現你比你的律師更精明，那就是找錯律師啦！

——建議你，趕快換個人吧！

• 玩撲克時，贏的大聲說笑話，輸的高聲喊：「發牌！」

——趕快發牌，別惹輸家發火。

• 你自己覺得那張照片拍得還不錯，可是所有的朋友卻都對你說：看起來不太像你。

——凡事不要高興得太早。

• 若覺得自己不夠稱職，很可能確實是如此哦！

——實力不夠的人，才會懷疑自己的能力。

• 一個深奧的真理反面，通常是另一個深奧的真理。

——這就是「深奧」的道理。

• 無論你事情做得多麼好，總是會有人不高興。

——這是人性的弱點，無解！

• 生產力定律——工作應該更精明，而不是更辛勤。

——懂得方法，比瞎忙重要。

• 千萬不要讓自己成為不可取代的，因為不可取代就不可能升遷。

——這是職場上的鐵則。

• 在職場上，第一個邀功的往往就是由始至終強調它行不通的人。

——會潑冷水的人，往往會第一個搶功勞。

• 我們永遠也到不了上帝許諾的聖地，因為若真能到達，那裡就不再是聖地了。

——因為活人是到不了所謂「西方極樂世界」。

國家圖書館出版品預行編目資料

蝴蝶效應＝Butterfly effect／于珊主編，初版 --
新北市：新潮社文化事業有限公司，2023.02
面；公分
ISBN 978-986-316-862-1（平裝）
1. CST：成功法

177.2 111019510

蝴蝶效應

于珊　主編

【策　劃】林郁
【制　作】天蠍座文創
【出　版】新潮社文化事業有限公司
電話：(02) 8666-5711
傳真：(02) 8666-5833
E-mail：service@xcsbook.com.tw

【總經銷】創智文化有限公司
新北市土城區忠承路89號6F（永寧科技園區）
電話：(02) 2268-3489
傳真：(02) 2269-6560

印前作業　菩薩蠻電腦科技有限公司

初　　版　2023 年 04 月